LE TRAVAIL DU PASTEUR

LE
Travail
DU
Pasteur

NEVILLE BARTLE et SCOTT STARGEL

Prairie Star Publications
A Division of Global Nazarene Publications
17001 Prairie Star Parkway
Lenexa, KS 66220

ISBN 978-1-56344-743-3

Le comité de traduction: Papy Bata, Kay Lynn Perry, Joelle Constant

Sauf aux indications contraires, les citations bibliques renvoient à la version Louis Segond.

Les versets marqués par le sigle « BDS » sont tirés de *La Bible du Semeur,*
copyright © 1999 Biblica. Tous droits réservés. Utilisé avec permission.

1

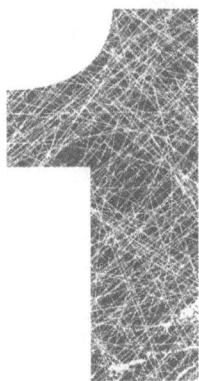

DIEU A UNE MISSION

Dieu a le cœur brisé. Son cœur souffre parce qu'une partie de sa création s'est rebellée contre lui et, est en train de se détruire.

Au commencement Dieu a étendu les cieux et les a remplis des galaxies, étoiles et planètes. Dieu a décoré une planète d'un océan bleu, des forêts vertes et des prairies, des déserts sablonneux bronzés et des régions polaires glaciales. Dieu l'a rempli d'immenses variétés de plantes, de fleurs, d'oiseaux, d'insectes, de poissons et d'animaux de toutes dimensions et couleurs. Nous l'appelons terre.

Dieu regarda la diversité de la beauté de tout ce qu'il avait créé, et il sourit. Alors Dieu créa les humains. Il a fait quelque chose de nouveau, quelque chose qu'il n'a pas fait à l'autre partie de sa création. Il leur a soufflé son esprit et les a créés à son image. Il les a dotés d'intelligence pour qu'ils puissent concevoir des projets et construire. Il leur a conféré d'un don de créativité, pour qu'ils puissent chanter, parler, écrire des poèmes, composer des chansons et inventer des histoires. Ils étaient capables de développer des milliers de langues, ils étaient capables de développer des méthodes d'écrire ces langues. Les humains ont développé des tentes, des maisons, des châteaux et des empires.

Dieu a pris un grand risque. Il voulait que les gens l'aiment, mais l'amour est seulement possible si quelqu'un a un choix. Les gens peuvent choisirent d'aimer Dieu, ou ils peuvent choisirent de le rejeter. Ils peuvent choisirent d'obéir ou de désobéir à Dieu. Dieu a créé ces deux premiers humains à son image mais ils ont choisi de suivre leur désirs. Ils ont rejeté le commandement de Dieu. Ils ont écouté les mensonges de Satan, et sont devenus orgueilleux, égoïstes, gourmands et violents. Eux et leurs descendants ont admiré leurs propres capacités, sagesse, et pouvoir. Ils n'ont pas adoré Dieu. Ils ont plutôt fabriqué leurs propres dieux. Ils se sont prosternés et ont adoré leurs propres créations.

Le cœur de Dieu souffre de voir son monde déchiré, et séparé par des guerres, violence, viol et souffrance. L'avidité et l'égoïsme conduisent les gens à la destruction de la création divine. Les humains ont détruit des forêts. Ils ont négligé les montagnes en le défonçant pour chercher de l'or et des métaux précieux. Ils ont pollué les fleuves. La création de Dieu pousse des gémissements. Les riches et les forts utilisent les pauvres et les faibles. Les parents avortent pour des raisons de commodité. Le cœur de Dieu est brisé.

Dieu veut renouveler et restaurer l'origine et la beauté de sa création renversée. Il veut apporter la paix et l'harmonie pour que le peuple aie la paix avec Dieu, vive en harmonie les uns avec les autres et se soucie de la création de Dieu.

LE PLAN DE DIEU

Il y a longtemps, Dieu choisit un homme appelé Abraham. Il promit de le bénir et de faire de lui une bénédiction pour tous les peuples de la terre. Dieu promit de lui donner des enfants, des petits enfants et beaucoup de descendants qui ne pourront être comptés.

Les descendants d'Abraham sont devenus la nation d'Israël, le peuple juif. Notre Nouveau Testament raconte leur histoire. Dieu a montré sa grande puissance en les délivrant de l'esclavage, et en leur donnant une terre pour habiter. Il leur a donné des lois pour qu'ils vivent en harmonie avec Dieu et avec les uns les autres.

Dieu avait un plan. Il voulait qu'Israël soit un peuple très cher, pour que d'autres nations voient la puissance divine bien que sa bénédiction. Le désire de Dieu était que les autres nations aient soif de connaître le Dieu d'Israël et aussi de vivre sous ses commandements et sa bénédiction.

Malheureusement Israël n'a pas toujours obéi à Dieu. Et il a souvent suivi les dieux faits par les hommes d'autres nations. Au lieu de vivre sous la bénédiction de Dieu, il revient toujours sous sa malédiction. Dieu a rejeté son propre peuple et a permis à d'autres nations de le vaincre. Son peuple a souffert. Mais dans leur souffrance, ils crièrent à l'Éternel, confessèrent leurs péchés et Dieu par sa grâce, il ramena son peuple vers lui. Il l'a restauré, pris soin de lui et l'a encore une fois béni.

La vie humaine n'est pas toujours comme Dieu la veut. Les trois ennemis, Satan, le péché et la mort, ont tous rendu la vie malheureuse. Dieu eut un plan de détruire ces trois ennemis. Quand le temps était bon, Dieu s'est fait humain et est entré dans l'histoire humaine sous la forme d'un bébé appelé Jésus.

Jésus est venu accomplir la mission de Dieu. Cette mission était de rétablir l'harmonie entre le peuple et leur créateur et rétablir la vraie adoration de Dieu. Il est venu appeler les gens qui vont le croire totalement et le suivre. Cette mission était de lourdes conséquences. Cela exigeait l'obéissance complète de Jésus, même s'il subirait le rejet, l'humiliation, la souffrance et la mort.

Par une vie sans péché et une obéissance parfaite, Jésus a vaincu Satan. Par le sacrifice de sa vie, Jésus a apporté le pardon des péchés. Par sa mort sur la croix, il prit notre péché et notre honte, pour nous réconcilier avec Dieu et devenir ses bienaimés. Jésus est ressuscité des morts et par sa résurrection, il a vaincu la mort. Maintenant Jésus tient les clefs de la mort et du séjour des morts. La mort n'a plus de pouvoir pour ceux qui ont la foi en Christ.

Les peuples de toutes tribus, langues, et nations qui croient en Christ deviennent l'Église : Le nouveau peuple de Dieu. Dieu nous appelle pour le rejoindre dans sa mission, d'annoncer le salut et de ramener le monde à lui-même.

Comme peuple de Dieu, nous faisons beaucoup de choses :

- Nous adorons Dieu, le créateur éternel de l'univers ; le louons pour sa grandeur et le célébrons pour son salut exceptionnel.

- Nous parlons aux autres de sa puissance et de son amour pour qu'ils puissent aussi expérimenter son salut et bénéficier de sa victoire sur le péché, sur la mort et sur Satan.

- Nous démontrons ses qualités par des actes de compassion, d'honnêteté, de vérité, et en prenant soin des pauvres et des malheureux.

- Nous aimons la création de Dieu. C'est le monde de Dieu, et il veut que nous en prenions soin, la gardions, nettoyions et protégions.

C'est la mission de l'Église. Et, ce sont les pasteurs qui sont des gens que Dieu a appelés pour diriger et encourager l'Église à accomplir sa mission dans le monde.

CHAPITRE

2

LE TRAVAIL DU PASTEUR

«Le travail de pasteur est plus important que d'être reine d'Angleterre. Il est plus important que le titre de président des États-Unis d'Amérique ou du premier ministre de l'Afrique du Sud.»

J'ai regardé l'orateur chaleureux avec sa chemise décolorée et un pantalon usé, encourager un groupe de corps pastoral. J'ai réfléchi, «où sont les journalistes reporters et l'équipe de la télévision?». Évidemment, ils ne le croient pas. Ici nous sommes dans une église du village avec une chaire en contre-plaqué, toit de chaume et un sol cahoteux. Est-il vraiment plus important d'être pasteur de cette église que d'être le dirigeant d'une grande et puissante nation?

L'orateur continuait, «Notre travail est plus important parce que Dieu lui-même nous a choisis et appelés pour être ses serviteurs. Il promit d'être avec nous. Ne soyez pas timide. N'ayez pas peur. Soulevez vos têtes. Soyez audacieux. Soyez forts. Soyez courageux. Dieu vous a choisis. Vous n'êtes pas n'importe qui. Vous êtes spécial, c'est pour quoi Dieu vous a choisis.»

Le travail de pasteur est différent des autres travaux. Parce que Dieu a appelé les pasteurs pour une mission spéciale. Ils ne travaillent pas pour l'argent, prestige ou sécurité. Plutôt ils travaillent souvent pendant des très longues heures pour rien ou pour peu d'argent. Ils sont pasteurs parce que Dieu les a appelés. Jésus a dit à ses disciples, «ce n'est pas vous qui m'avez choisi ; mais moi, je vous ai choisis, et je vous ai établis, afin que vous alliez, et que vous portiez du fruit, et que votre fruit demeure» (Jean 15.16).

Le travail de pasteur est l'un de plus ambitieux travail du monde. Dans certains pays, les autorités gouvernementales les persécutent et leur rendent la vie difficile. Dans d'autres pays, les pasteurs sont traités avec grand respect. Beaucoup de gens sont tellement occupés à courir après l'argent, le pouvoir et le plaisir qu'ils n'ont que peu de temps pour Dieu et l'église. Beaucoup de programmes de télévision ridiculisent les pasteurs et arrivent jusqu'à les regarder comme dépassés et moins importants. Mais à plusieurs reprises quand les gens ont des problèmes, ils sont heureux de trouver les pasteurs pour leur porter secours et prier pour eux.

L'ÉGLISE

Pour comprendre le travail de pasteur, il faut d'abord comprendre l'Église. C'est quoi l'Église ? Pourquoi existe-elle ? Jésus a fait une déclaration importante sur l'église dans un entretien avec Pierre. Jésus demanda aux disciples, «Qui dit-on que je suis ? »

Pierre répondit que Jésus était le Christ, le fils du Dieu vivant. Jésus répondit, «Tu es Pierre et que sur cette pierre je bâtirai mon Église, et que les portes du séjour des morts ne prévaudront point contre elle» (Matthieu 16.13-18).

Ces versets bibliques d'une très grande importance nous racontent trois choses importantes à propos de l'église :

1. L'Église appartient à Jésus Christ

Jésus a dit, «Je bâtirai mon Église.» C'est son église, et il la bâtit. Ce n'est pas seulement une simple organisation humaine. L'Église n'appartient pas au pasteur ou à quelqu'un qui a donné une terre ou l'argent pour la construction. L'Église ne nous appartient pas, elle appartient à Jésus. Nous appartenons à l'Église parce qu'elle appartient à Jésus. Il est la tête de l'Église.

2. L'Église est puissante

Jésus dit «Les portes du séjour des morts ne prévaudront point» contre l'Église. Ceci peut être compris de deux façons.

Premièrement, toutes les puissances de l'enfer et Satan ne peuvent jamais vaincre l'Église. Depuis des années les gens ont persécuté l'Église. Les pasteurs étaient emprisonnés. Les ennemis ont brulé des bibles et des bâtiments de l'Église. Des rois, des gouvernements et des armées ont essayé de détruire l'Église, mais personne n'a réussi. Et personne ne réussira parce que l'Église n'est pas le bâtiment ou une organisation humaine.

Deuxièmement «les portes du séjour des morts ne prévaudront point sur elle.» Parce que l'Église de Jésus Christ s'étend au-delà de la mort. Ceux qui sont morts en Christ font toujours partie de l'Église. Ils sont absents dans ce corps mais, sont présents avec le Seigneur, car Christ domine sur les morts et sur les vivants (Romain 9).

3. L'Église est bâtie sur une fondation solide

L'Église est bâtie sur un rock solide qui est la foi en Jésus Christ comme fils de l'unique, vrai Dieu. Cette pierre solide ne peut pas être dégagée ou détruite. Quelques années plus tard l'apôtre Pierre décrit l'Église en ces mots :

> *Vous, au contraire, vous êtes une race élue, un sacerdoce royal, une nation sainte, un peuple acquis, afin que vous annonciez les vertus de celui qui vous a appelés des ténèbres à son admirable lumière. Vous qui autrefois n'étiez pas un peuple, et qui maintenant, êtes le peuple de Dieu, qui n'aviez pas obtenu miséricorde, et qui maintenant avez obtenu miséricorde. (1 Pierre 2.9-10)*

Ce passage biblique nous raconte cinq choses importantes sur l'Église :

1. L'Église est une communauté de peuple de Dieu

«Une nation sainte, un peuple acquis.» L'Église n'est pas juste un groupe des personnes isolées, mais nous sommes devenus une communauté de peuple de Dieu.

Après la sortie des enfants d'Israël de l'Égypte, Dieu leur a dit, «Je marcherai au milieu de vous, je serai votre Dieu, et vous serez mon peuple» (Lévitique 26.12). À cause de l'œuvre de Jésus, son Église remplace Israël comme peuple de Dieu. Par le prix de sa mort, Jésus a restauré notre relation avec Dieu. Nous sommes devenus ses enfants. Il veut marcher avec nous et parler avec nous. Il veut vivre une relation intime avec nous, juste comme il a été avec Adam et Ève dans le jardin d'Éden.

2. L'Église est une communauté transformée

Nous étions transformés par la grâce rédemptrice de Dieu. Maintenant nous avons reçu miséricorde. Dieu nous a appelés des ténèbres à son admirable lumière. Ce n'est pas à cause de nos œuvres mais par sa grâce. Il nous transforme.

3. L'Église est une communauté d'adoration

Célébrez «bien haut les œuvres merveilleuses de celui qui vous a appelés à passer des ténèbres à son admirable lumière» (1 Pierre 2.9, BDS). Les chrétiens aiment chanter parce que Dieu nous a retirés des ténèbres des péchés et nous a apportés dans son admirable lumière. Quand nous nous réunissons, nous passons le temps à parler de sa bonté.

4. L'Église est une communauté de témoignage

Adorer et témoigner marchent de pair. Nous proclamons les louanges de celui qui nous a appelés des ténèbres à sa lumière. Nous parlons aux autres de la merveilleuse transformation que Dieu a réalisée dans nos vies. Nous les invitons à nous rejoindre.

5. L'Église est une communauté d'affection

«Vous êtes une race élue.» Dieu nous a choisis pour un but, pour que nous partagions son amour avec les autres. Le plus grand commandement dans la Bible est, «Tu aimeras le Seigneur, ton Dieu, de tout ton cœur, de toute ton âme, de toute ta pensée, et de toute ta force. Voici le second : Tu aimeras ton prochain comme toi-même. Il n y a pas d'autre commandement plus grand que ceux-là» (Marc 12.30-31).

Le Saint-Esprit a répandu l'amour de Dieu dans nos cœurs pour que nous nous aimions les uns les autres. La Bible décrit l'Église comme «le corps du Christ». Ceci signifie que nous sommes les yeux, les oreilles, la bouche, les mains et les pieds de Jésus. Nous regardons les gens avec compassion juste comme Jésus lui-même faisait

S'OCCUPER DU PEUPLE DE DIEU

L'Église est beaucoup plus qu'un groupe de gens qui se réunissent le dimanche matin pour chanter. L'Église appartient à Jésus et elle est son corps. Aujourd'hui nous continuons le travail que Jésus a commencé. Le monde est plein de gens qui sont troublés et blessés. Ils se demandent si Dieu se soucie d'eux. Jésus est venu chercher et sauver ceux qui sont perdus, et l'Église doit faire la même chose. Jésus est venu sauver les autres. Et l'Église doit aussi s'occuper des gens dans la communauté. L'Église doit connaître l'amour de Dieu d'une manière puissante, et l'Église veut bénir les autres avec le même amour qu'elle a reçu de Jésus Christ.

Dans le Nouveau Testament nous lisons ces paroles, « Consolez mon peuple, dit le Seigneur. Consolez, consolez mon peuple. Parlez au cœur de Jérusalem, et criez lui que sa servitude est finie, que son iniquité est expiée, qu'elle a reçu de la main de l'Éternel au double de tous ses péchés » (Ésaïe 40.1-2).

Jésus a dit, « Venez à moi, vous tous qui êtes fatigués et chargés, et je vous donnerai du repos. Prenez mon joug sur vous et recevez mes instructions, car je suis doux et humble de cœur ; et vous trouverez du repos pour vos âmes » (Matthieu 11.28).

Le pasteur est le représentant de Dieu qui doit amener la consolation, l'encouragement, et la paix au peuple de Dieu. Le pasteur aide le peuple à trouver le soulagement sur leurs fardeaux et inquiétudes. Beaucoup de ce travail se fait quand le pasteur rend visite aux fidèles dans leurs maisons.

Jésus n'a pas installé un bureau pour attendre que les gens lui rendent visite, ni pour prêcher seulement à des grandes foules. Jésus a enseigné aux gens. Il a enseigné a des petits groupes de gens.

Regardez des gens avec lesquels Jésus a parlé.

- Nicodème, Jean 3.1-15
- La femme Samaritaine, Jean 4.1-42
- Le centenier, Matthieu 8.5-10
- L'officier du roi qui était malade, Jean 4.43-54
- La veuve qui avait perdu son fils, Luc 7.11-17
- Le scribe, Matthieu 8.18-22
- La femme cananéenne, Matthieu15.21-28
- Le jeune homme riche, Mattieu 19.16-22
- La femme surprise en adultère, Jean 8.2-11

Jésus a souvent rencontré les gens dans leur maison et lieux de travail.

- Le bord de la mer, marc 4.1
- Un puits du village, Jean 4.6
- La voie publique, Marc 10.4
- L'éventaire, Matthieu 20.3
- Le lieu de pages, Matthieu 9.9
- Le temple, Matthieu 26.55

Jésus a souvent rencontré les gens dans leurs propres maisons.

- La maison de Levi, un publicain, Luc 5.27-32
- Les noces à Canaan, Jean 2.1-11
- La maison du pharisien, Luc 7.36-50,14.1-24
- La maison de Marie et Marthe, Luc 10.38-42
- Simon le lépreux, Matthieu 26.6

Le travail du pasteur est d'aider l'Église à devenir tout ce que Dieu veut qu'elle soit. Il n'y a pas une occupation quelque part au monde qui soit plus exigeante, plus passionnante et plus gratifiante. Le pasteur travaille avec Dieu, et il ou elle voit comment Dieu transforme des gens. C'est passionnant de voir l'Église arriver à maturité dans leur connaissance de Dieu, d'amour, de compassion, et d'apporter la transformation dans leur communauté. Ceci est le travail du pasteur.

3

DIEU NOUS APPELLE

« Pasteur, comment et quand Dieu vous a appelé ? Guillaume demanda. Comment Dieu appelle-t-il les gens ? L'avez-vous entendu parler à haute voix ? »

Le pasteur adressa un sourire à Guillaume. Il savait que Guillaume participait dans le groupe de jeunes. Il a vu ce jeune homme grandir dans sa vie chrétienne. « Ce sont là des grandes questions, Guillaume. Pourquoi les poses-tu ? »

Guillaume réfléchit un moment et dit, « Je pense peut-être que Dieu m'appelle à devenir pasteur, mais comment puis-je en être sûr ?

— C'est merveilleux Guillaume. Nous devons parler de ça en profondeur. Asseyons-nous et parlons de ça un peu, car l'appel d'un pasteur est un sujet important. »

Certaines personnes deviennent pasteurs pour une fausse raison :

- Ils pensent qu'en allant à l'école théologique pour devenir pasteur, ils vont s'échapper aux ennuis de leur village natal.

- Ils pensent que le travail de pasteur est facile. Ils pensent que tout ce qu'ils auront à faire c'est seulement se présenter le dimanche à l'Église, parler et recevoir son salaire.

- Ils font beaucoup de demandes d'emplois, mais ils ne sont pas acceptés, alors ils s'inscrivent dans une école théologique, par ce que c'est une façon facile d'étudier.
- Dans peu d'endroits les pasteurs reçoivent beaucoup d'honneur et de prestige. Parfois le pasteur a une belle maison et est respecté. Certaines personnes pensent que ceci leur arriverait aussi s'ils devenaient pasteurs.

Ces gens ont-ils vraiment entendu l'appel de Dieu, ou sont-ils seulement en train de suivre leurs désirs ? Quand les moments difficiles viendront, ces gens vont-ils abandonner et quitter le travail, vont-ils supporter les épreuves et continuer à servir ?

Un pasteur conduit le peuple de Dieu, et cela exige un genre particulier de leadership. Un pasteur est un leader-serviteur. Souvent dans les affaires et dans la politique les leaders ne sont pas des serviteurs, et des serviteurs ne sont pas des leaders. Mais dans le royaume de Dieu, les choses sont différentes ; les leaders sont appelés à être serviteurs. Ils sont appelés à s'occuper et à servir les gens qu'ils conduisent. La Bible décrit souvent le leader de peuple de Dieu comme étant un berger qui surveille et protège le troupeau.

Dieu veut que tout le monde se repente et croit en Jésus comme sauveur. Dieu veut aussi que tout chrétien soit rempli du Saint-Esprit. Cependant Dieu n'a pas appelé tout le monde au ministère pastoral. Alors, que signifie exactement être appelé par Dieu ? Prenons un exemple du temps où Dieu a appelé quelqu'un à conduire le peuple.

DIEU APPELLE MOÏSE

Moïse était surpris. Un buisson ardent au milieu du désert ? C'est curieux ! Il pensa. Il s'approcha pour regarder cette vue curieuse.

« Moïse ! Moïse ! La voix venait du buisson ardent.

— Oui me voici, répondit Moïse.

— N'approche pas d'ici, ôte tes chaussures de tes pieds, car le lieu sur le quel tu te tiens est une terre sainte. La voix continua, je suis le Dieu de ton père, le Dieu d'Abraham, le Dieu d'Isaac et le Dieu de Jacob, »

Beaucoup de gens n'ont pas entendu l'appel de Dieu de façon aussi significative que Moïse, mais nous pouvons beaucoup apprendre sur l'appel de Moïse.

1. Dieu attire notre attention

C'est un jour comme tous les autres. Le soleil était chaud, la terre était sèche, les brebis avaient faim. Moïse les a conduits dans le désert dans un coin d'herbe, sur un tout petit étang d'eau. Soudain, quelque chose attire son attention, un buisson ardent en pleine brousse. Ce n'était pas curieux. Moïse a déjà vu des choses qui brûlent. Curieusement, bien que le buisson était en feu, les feuilles et les brindilles ne se consumaient pas.

Dieu parla à Moïse pendant sa routine quotidienne. Malheureusement, Dieu appelle beaucoup de gens, mais ils n'entendent pas toujours. Beaucoup de gens sont trop occupés dans leurs idées qu'ils ne pensent même pas à Dieu. Certaines personnes sont si occupées qu'elles ne s'arrêtent pas pour écouter. Les autres sont si absorbées à écouter la radio, la télévision ou la musique que Dieu ne peut pas avoir leur attention. Normalement, Dieu ne crie pas et ne hurle pas. Il parle plutôt doucement et c'est seulement ceux qui écoutent qui entendent sa voix.

Dieu parle parfois par les paroles d'une chanson, parfois à travers la prédication d'un pasteur. Dieu peut parler à travers un livre, un ami chrétien ou une lecture biblique. Dieu parle, et si nous écoutons nous l'entendrons. Dieu peut parler par le songe. Parfois quand nous sommes malades ou devant une situation difficile, nous sommes plus ouverts à écouter et entendre la voix de Dieu. Dieu essaye d'attirer notre attention. Nous devons faire comme Moïse : Arrêter ce que nous faisons, s'approcher, et écouter.

2. Dieu appelle les travailleurs

Dieu a appelé Moïse quand il travaillait comme berger. Dieu appela Samuel quand il travaillait dans le temple. David surveillait les brebis quand il a reçu l'appel de Dieu. Gédéon battait le blé quand l'ange lui est apparu. Élisée transportait la charrue avec les bœufs quand il était appelé. Pierre, André, Jacques et Jean étaient pécheurs quand Jésus leur a demandé de le suivre. Matthieu était collecteur d'impôts quand Jésus lui a dit, « Suis-moi. »

Tous ces gens étaient occupés dans leur travail quotidien quand Dieu les a appelés. Il n'y a pas un exemple de quelqu'un que Dieu a appelé qui perdait son temps à ne rien faire. Dieu cherche les travailleurs. Si nous sommes fidèles à des petits travaux, Dieu nous appellera à de plus grands.

3. Dieu nous appelle par le nom

Dieu nous traite toujours en personne. Dieu a dit, « Moïse, Moïse ! » Personne d'autre dans la Bible n'avait déjà vu un tel buisson ardent. Cela était seulement pour Moïse. Parfois l'appel de Dieu est spectaculaire. Ou pour certains, l'appel de Dieu est progressif, comme une fleur qui s'ouvre dans les rayons du soleil. Les autres se rendent comptent qu'il y a quelque chose qui leur monte dans la conscience en disant que Dieu veut qu'ils fassent quelque chose de très spécial. Au plus profond de nous, nous avons un sentiment que Dieu veut que nous fassions quelque chose de spécial pour lui.

Dieu est persévérant. Il parle à travers les chansons, la prière, et à travers les cultes. Il nous appelle à lui faire confiance et à lui obéir. Souvent l'appel de Dieu entraine le départ de nos maisons et familles pour prendre une formation quelque part en vue de connaître la Bible à fond. Si nous écoutons et ouvrons nos cœurs pour obéir à Dieu, il nous conduira et guidera.

4. Dieu nous appelle à aider les autres

Dieu dit à Moïse, « J'ai vu la souffrance de mon peuple qui est en Égypte, et j'ai entendu les cris que lui font pousser ses oppresseurs, car je connais ses douleurs. Je suis descendu pour le délivrer de la main des Égyptiens. … Maintenant, va, je t'enverrai auprès de Pharaon, et tu feras sortir d'Égypte mon peuple, les enfants d'Israël » (Exodes 3.7-10).

Dieu se soucie de ceux qui souffrent. Il voit leurs souffrances, il entend leurs cris et il sent leur douleur. Dieu dit à Moïse, « L'Éternel, l'Éternel, Dieu miséricordieux et compatissant, lent à la colère, riche en bonté et en fidélité » (Exode 34.6).

Jésus a vu les boîteux, les aveugles, les muets, et les estropiés. Jésus fut ému de compassion pour eux (Matthieu 15.30-32). De la même façon pour ceux qui sont appelés au ministère, ils doivent manifester compassion, bonté, patience et amour pour ceux qui souffrent et qui sont abandonnés. Nous devons « avertir les paresseux, encourager les timides, aider les faibles, et être patient avec tout le monde » (1 Thessaloniciens 5.14).

L'Église entière est appelée à être les yeux, les oreilles, les mains, les pieds et la bouche de Christ, en démontrant l'amour de Dieu aux gens qui sont autour de nous. Les pasteurs en tant que leaders d'église doivent montrer l'exemple.

5. Dieu a promis de partir avec nous

Nous nous sentons souvent faibles et insuffisants quand nous entendons l'appel de Dieu. Moïse peut-être a-t-il pensé : « J'ai échoué dans le passé ; les gens auront-ils encore confiance en moi ? M'accepteront-ils ? Comment irai-je vers le roi ? » Dieu a simplement répondu, « je serai avec toi » (Exode 3.12).

Beaucoup de gens ont senti la même chose que Moïse. Ils se sentent insuffisants, le travail est trop grand, ou ils sentent qu'ils n'ont pas les dons et les capacités qu'il faut.

Jérémie a dit à Dieu, « Ah ! Seigneur Éternel ! Voici, je ne sais point parler, car je suis un enfant. »

Dieu répondit, « Ne dis pas : je suis un enfant. Car tu iras vers tous ceux auprès de qui je t'enverrai, et tu diras tout ce que je t'ordonnerai. Ne les crains point, car je suis avec toi pour te délivrer » (Jérémie 1.7, 8).

Jésus a fait la même promesse à ses disciples. « Allez, faites de toutes les nations des disciples, les baptisant au nom du Père, du Fils et du Saint-Esprit, et enseignez-leur à observer tout ce que je vous ai prescrit. Et voici je suis avec vous tous les jours, jusqu'à la fin du monde » (Matthieu 28.19-20).

Paul a connu beaucoup de difficultés et de persécution, mais il a alors pensé à toutes les choses merveilleuses que Dieu prépare pour ceux qui croient en lui. Il dit, « j'estime que les souffrances du temps présent ne sauraient être comparées à la gloire à venir qui sera révélée pour nous » (Romains 8.18).

Comme pasteur nous devons être sûrs que Dieu nous a appelés à ce travail. Si c'est évident que nous sommes appelés par Dieu, cela nous aidera à rester forts quand toutes sortes de difficultés viendront dans nos vies. Jésus dit à ses disciples, « ce n'est pas vous qui m'avez choisi ; mais moi, je vous ai choisis, et je vous ai établis, afin que vous alliez, et que vous portiez du fruit, et que votre fruit demeure » (Jean 15.16).

Dieu vous a-t-il appelé ?

Avez-vous obéi à son appel ?

Serez-vous obéissant s'il vous appelle ?

Nous n'avons pas à avoir peur de la grandeur de la tâche. Nous devons être courageux par ce que nous avons la promesse de Dieu qu'il sera avec nous.

DIEU APPELLE PAUL

Paul était un jeune Juif qui a minutieusement étudié l'Ancien Testament. Il a mémorisé une grande partie des Écritures et avait la conscience d'obéir à toutes les lois de l'Ancien Testament. Il a entendu parler de Jésus, mais il a refusé de croire que Jésus pouvait être le Messie, le Fils de Dieu. Il était si fâché qu'il a fait tout ce qu'il pouvait faire pour détruire ceux qui croyaient en Jésus.

Un jour il était en voyage dans un pays lointain, Damas. Il envisagea d'arrêter tous ceux qui croyaient en Jésus et de les ramener en Jérusalem pour les persécuter. Soudain, il voit une lumière venir du ciel, et dont l'éclat surpassait celui du soleil, Paul tomba par terre, et entendit une voix qui lui disait, « Saul, pourquoi me persécutes-tu ?

— Paul répondit, Qui es-tu ?

— Je suis Jésus que tu persécutes » la voix répondit.

Saul était stupéfait de voir qu'il était tout de suite devenu aveugle. Il continua sa route à Damas. Il pria et jeûna trois jours. Il se rendit compte que Jésus était vraiment le Messie, alors Saul fut transformé.

Saul se rappela des paroles que Jésus lui avait dites sur la route de Damas,

> *Mais lève-toi, et tiens-toi sur tes pieds ; car je te suis apparu pour t'établir ministre et témoin des choses que tu as vues et de celles pour lesquelles je t'apparaitrai. Je t'ai choisi du milieu de ce peuple et du milieu des païens, vers qui je t'envoie, afin que tu leur ouvres les yeux, pour qu'ils passent de ténèbres a la lumière et de la puissance de Satan à Dieu, pour qu'ils reçoivent, par la foi en moi, le pardon des péchés et l'héritage avec les sanctifiés.* (Actes 26.16-18)

L'appel de Dieu a produit un changement puissant dans la vie de Saul. Plus tard Saul aura un nouveau nom, et aujourd'hui nous le connaissons comme l'apôtre Paul. Quand il décrira plus tard les évènements de son appel il dira, « je n'ai point résisté à la vision céleste » (Actes 26.19).

Paul n'avait pas une vie facile. Même s'il était apôtre, il a rencontré beaucoup de danger. Dans l'une de ces lettres, il a fait une liste des problèmes qu'il a rencontrés à cause de son obéissance à l'appel de Dieu. Voici certaines choses de ce qu'il a décrit dans 2 Corinthiens 11.24-28.

- Cinq fois fouetté (39 coups)
- Une fois lapidé
- Trois fois naufrage
- Un jour et une nuit dans l'abîme
- En péril sur la mer
- En péril de la part des brigands
- En péril parmi les faux frères
- Exposé à de nombreuses veilles
- Exposé à la faim
- Exposé à la soif
- Exposé à des jeûnes multipliés, au froid, et à la nudité

Même si sa vie en tant que chrétien travailleur était difficile, Paul est resté obéissant à l'appel de Dieu. Il n'est jamais retourné à son ancienne vie. Il a dit, « si j'annonce l'Évangile, ce n'est pas pour moi un sujet de gloire, car la nécessité m'en est imposée, et malheur à moi si je n'annonce pas l'Évangile » (1 Corinthiens 9.16). Paul a cru fermement qu'il travaillait pour Dieu et que Dieu parlait à travers lui. Il a dit, « nous faisons donc les fonctions d'ambassadeurs pour Christ, comme si Dieu exhortait par nous ; nous vous en supplions au nom de Christ : soyez réconciliés avec Dieu » (2 Corinthiens 5.20).

L'appel précis de Dieu a aidé Paul à rester ferme dans la foi devant les difficultés qu'il a rencontrées. La plupart d'entre nous ne feront jamais une expérience spectaculaire comme celle de Moïse ou Paul. Toutefois ce qui est important et que nous sachions dans nos cœurs que nous sommes appelés pour travailler pour lui. Il est aussi important de se rappeler que le Dieu qui nous a appelés ne nous laissera pas et ne nous abandonnera pas. Il sera avec nous pour nous fortifier et nous aider. Dieu veut que nous soyons des pasteurs brillants. Il veut que nous ayons des ministères qui produisent des fruits et que son amour se répande sur les autres au travers de nous. Si nous sommes fidèles et obéissants à l'appel de Dieu, beaucoup de gens vont expérimenter l'amour et la puissance transformatrice de Dieu dans leurs vies, et Dieu sera content.

Donc maintenant il y a une question importante que tout le monde qui lit ce livre doit se poser ; « Est-ce que je sais précisément que Dieu m'a appelé à ce ministère ? » Voici trois réponses possibles pour cette question :

Oui, je sais que Dieu m'a appelé au ministère !

Non, Dieu ne m'a pas appelé au ministère.

Peut-être, je ne suis pas encore sûr si Dieu m'a appelé au ministère.

Si vous aviez répondu « oui » à la question, alors écrivez les détails de cet appel parce que cela vous servira dans l'avenir. Plus tard quand il y aura des moments difficiles, vous pouvez le lire et vous rappeler l'appel de Dieu.

Si vous aviez répondu « non », ne vous découragez pas. Dieu n'appelle pas tout le monde au ministère pastoral. Toutefois vous êtes toujours appelés à témoigner dans le monde entier. Si Dieu ne vous a pas appelé au ministère, peut-être qu'il vous appelle pour d'autres responsabilités à l'Église.

Ou peut-être la réponse n'est pas « non » mais « pas encore ». C'est important de ne pas feindre l'appel de Dieu, même si vous vous êtes déjà inscrits dans l'école théologique. Soyez honnête envers vous-mêmes, et envers les autres. Continuez à prier chaque jour pour avoir la direction divine.

Si vous aviez répondu « peut-être », alors vous devriez activer la prière, le jeûne et vous appliquer à chercher la volonté de Dieu dans votre vie. Demandez aux autres de prier avec vous, pour que vous puissiez avoir une réponse précise à la question, « Dieu vous a-t-il appelé au ministère ? ».

4

FEMMES DANS LE MINISTÈRE

Dieu a-t-il appelé les femmes au ministère pastoral ?

Ceci est une question qui fait l'objet de grande discussion. Les chrétiens très sincères ont des points de vue différents à ce sujet, et chacun s'appuie sur les Écritures pour soutenir son point de vue.

Certaines personnes s'appuient sur ces deux versets bibliques :

> *Que la femme écoute l'instruction en silence, avec une entière soumission. Je ne permets pas à la femme d'enseigner, ni de prendre de l'autorité sur l'homme ; mais elle doit demeurer dans le silence.* (1 Timothée 2.11-12)

> *Que les femmes se taisent dans les assemblées, car il ne leur est pas permis d'y parler ; mais qu'elles soient soumises, selon que le dit aussi la loi. Si elles veulent s'instruire sur quelque chose, qu'elles interrogent leurs maris à la maison ; car il est malséant à une femme de parler dans l'Église.* (1 Corinthiens 14.34-35).

Ces versets bibliques semblent enseigner que les femmes ne doivent pas être pasteurs. Cependant, nous devons attentivement examiner toute la Bible avant de prendre une position doctrinale. Nous ne devons pas seulement nous référer à un ou deux versets bibliques. Comme nous verrons plus loin dans ce chapitre, il y a d'autres versets qui présentent des femmes comme leaders dans l'Église.

Ainsi la première question à se poser est de savoir pourquoi Paul a dit cela ? Certains spécialistes de la Bible pensent que Paul a interdit aux femmes d'enseigner parce que Timothée était pasteur à Éphèse, où il y avait un grand temple consacré à la déesse Artémis. L'adoration de ce temple était conduite par des femmes qui servaient à la fois comme prêtres et comme prostituées, par ce que l'immoralité sexuelle était une partie significative dans l'adoration d'Artémis. C'est possible que Paul ait fait cette déclaration à Timothée pour montrer évidemment une distinction entre l'adoration de Dieu et l'adoration de païen, qui était si fréquente à Éphèse.

Le contexte de 1 Corinthiens 14, nous indique aussi pourquoi Paul voudrait que les femmes se taisent dans l'église. Ces deux versets se rentrouvent dans une section du livre sur l'ordre dans les assemblées, là où Paul enseigne que le culte ne doit pas être désorganisé. À cette époque-là les femmes et les hommes se mettaient dans des côtés différents de la salle. Donc si une femme pose une question à son mari qui se trouve de l'autre côté, elle va interrompre le culte.

Évidemment, Paul ne voulait pas dire que les femmes doivent complètement se taire dans l'Église, parce qu'il a donné des instructions pour une femme qui prie et qui proclame le message de Dieu dans les assemblées, de couvrir sa tête (1 Corinthiens 11.5). Comment elle peut « se taire » et « proclamer » en même temps ?

Donc pour comprendre le rôle de la femme dans le ministère, il nous faut voir la diversification des enseignements dans les écritures.

CRÉATION

Genèse 1.27 dit que l'homme et la femme étaient créés à l'image de Dieu. Genèse 2.18 dit aussi que la femme était créée comme aide semblable à l'homme. Mais cela ne veut pas dire qu'elle était inférieure ou qu'elle était créée pour servir l'homme. En fait, le mot hébreu pour signifier « une aide », est souvent utilisé pour décrire Dieu. Dans Deutéronome 33.29 et Psaumes 115.9, Israël est recommandé de faire confiance en Dieu, parce qu'il est « notre aide » ! Au lieu de faire de la femme une servante de l'homme, la Bible enseigne que la femme était une autre partie de l'être humain, mais pas une partie inférieure.

Mais ce statut d'égalité de la femme et de l'homme, a changé. Quand Adam et Ève ont péché, la malédiction est venue sur terre. Il y avait des difficultés et des épreuves pour l'homme et la femme. Pour l'homme la malédiction a apporté un travail pénible et dur, qui fait transpirer. Pour la femme c'était la douleur d'enfantement. Aussi comme une partie de la malédiction, Dieu dit à la femme, « tes désirs se porteront sur ton mari, mais il dominera sur toi » (Genèse 3.16). La malédiction qui est venue à cause du péché a apporté l'inégalité. La bonne nouvelle est que, Jésus est venu nous racheter de la malédiction et nous donner une vie meilleure.

LES FEMMES DANS L'ANCIEN TESTAMENT

Dans l'Ancien Testament, Dieu a utilisé les femmes pour accomplir son plan dans plusieurs endroits. Évidemment, les femmes ne sont pas assez souvent mentionnées comme les hommes, mais elles ont exercé des fonctions de leaders et occupé des postes d'autorité à travers l'histoire ancienne d'Israël. Nous avons lu plus loin au sujet de Miriam, une prophétesse (Exode 15.20), qui est classée avec Moïse et Aaron comme ceux qui ont délivré Israël de la maison de servitude en Égypte (Michée 6.4). Deborah était prophétesse et juge (Juges 4.4). Elle a conduit les enfants d'Israël et on lui a attribué une grande victoire militaire (Juges 4.9). Elle a mis fin au dispute, et a délivré Israël de leurs ennemis (Juges 4 et 5). Hilda était une prophétesse respectée à Jérusalem (2 Rois 22.14). Toutes ces femmes ont vécu dans une société très dominée par les hommes, ainsi leurs exemples sont importants. Ces femmes et d'autres, ont utilisé leurs talents et dons même si elles vivaient dans une société patriarcale. Elles étaient des leaders.

FEMMES DANS LES ÉVANGILES

Jésus était né dans une culture qui traitait les femmes au second plan (elles n'étaient même pas considérées comme citoyennes de la nation). Elles étaient plutôt la propriété de leurs maris ou leurs plus proches parents. Les femmes d'habitude, n'avaient pas été dans des écoles, ou considérées beaucoup mieux que des esclaves. En fait, il y avait une prière populaire qui disait, « Bénit sois-tu, O Seigneur notre Dieu, que je ne suis pas un païen ; bénit sois-tu,

O Seigneur notre Dieu, que je ne suis pas une esclave ; bénit sois-tu, O Seigneur notre Dieu, que je ne suis pas une femme. »

Encore, Jésus passa le temps avec les femmes. Il les a appréciées et traitées au même titre que les hommes. C'était incroyable, parce qu'en tant que rabbi en son temps, il ne devait pas saluer une femme en publique.

Jésus est venu prêcher « repentez-vous ! Le royaume de Dieu est proche. » Ceci était un appel pour les gens de changer leurs voies. Maintenant Dieu règne dans les cœurs des gens et transforme des communautés. Ses actions étaient immédiates, mais elles faisaient allusion à un avenir meilleur. Jésus guérissait les malades, ainsi pour montrer qu'un jour il n'y aura plus des malades. Il a ressuscité les morts. Ainsi pour dire que dans le royaume qui vient il n'y aura plus des morts. Jésus a chassé les démons, pour montrer que son royaume et son autorité sont plus forts que le territoire des ténèbres de Satan. Et Jésus a traité les femmes avec respect, ceci est aussi l'un des signes du royaume qui vient car la malédiction qui est venue du péché d'Adam serait complètement emportée.

Quand il a visité Marthe et Marie, Jésus a réprimandé en douceur Marthe de s'inquiéter sur les travaux ménagers et la préparation de repas pour manquer l'opportunité d'apprendre à ses pieds. Qui étudiait aux pieds de Jésus ? Marie, une femme (Luc 10.38-42).

Un jour les disciples étaient surpris de trouver Jésus en train de parler avec une femme qui se tenait à côté du puits. Normalement un Juif ne pouvait pas adresser la parole à une femme en public. Aussi les Juifs ne parlaient pas avec les Samaritains, qu'ils considèrent inférieurs. Dans ce cas Jésus avait une discussion théologique avec cette femme, même si elle était à la fois femme et Samaritaine. Apparemment, Jésus ne l'a pas considérée inférieure, mais il a plutôt pensé qu'elle méritait d'être enseignée. Elle est alors rentré à la maison et pour convaincre les autres de croire en Jésus, et de venir l'écouter (Jean 4.1-42).

Il était soutenu financièrement par les femmes (Luc 8.1-3) ; il a raconté des paraboles sur elles (Matthieu 13.33 ; 25.1-13 ; Luc 15.8-10 ; 18.1-8) et il a permis à une femme pécheresse de le toucher et de l'oindre abondamment au dégout de son hôte (Luc 7.36-40).

Beaucoup de sermons et études bibliques se concentrent sur la déclaration de Pierre que Jésus était le Messie (Luc 9.10). Cependant la déclaration de Marthe était tout aussi claire et perspicace (Jean 11.27). Une femme surprise en adultère est amenée auprès de Jésus par un groupe d'hommes, qui voulaient éprouver Jésus pour pouvoir l'accuser en utilisant la femme comme ruse. Honteux, ces hommes se retirèrent ensuite l'un après l'autre. La femme pouvait aussi se retirer, mais elle est restée. Jésus ne l'a pas condamnée comme les autres. Il lui a plutôt dit de ne plus pécher (Jean 8.1-11).

Les femmes aimaient Jésus en première position, et elles étaient fidèles. Elles étaient les dernières à rester près de la croix et les premières à se présenter au tombeau, pendant que tous les disciples avaient quitté et abandonné Jésus. Les femmes sont venues l'oindre pour le sépulcre (Luc 23.55-24.1). Dans une culture qui a refusé de reconnaître les femmes comme témoins dans la salle d'audience, Jésus a permis que ces femmes soient les premières témoins de sa résurrection et d'apporter personnellement la nouvelle à d'autres disciples (Matthieu 28.1-10). En d'autres termes, les femmes étaient les premières évangélistes.

Jésus a vécu dans une culture dominée par les hommes, mais il est allé à l'encontre des valeurs culturelles de son époque, et il a montré de la bonté et du respect aux femmes et les a élevées à un niveau supérieur.

FEMMES DANS L'ÉGLISE PRIMITIVE

Les femmes étaient dans la chambre haute au jour de la Pentecôte et le Saint-Esprit les avaient remplies aussi bien que les hommes. Dans Actes 2.18-19, Pierre rapporte les paroles du prophète Joël en disant que, l'Esprit de Dieu se répandra sur toute chair ; jeunes et vieillards, hommes et femmes et serviteurs et servantes. La prophétie était plus que la prédiction du futur. C'était d'habitude la déclaration du message de Dieu à son peuple. Pierre (et Joël) ont déclaré clairement que Dieu ne regarde pas l'âge, le genre, ou le rang social. Tous étaient remplis du Saint-Esprit, et tous parlaient des merveilles de Dieu.

Nous avons vu plus-haut une prière qui était courante chez les Juifs, qui remerciaient Dieu du fait qu'ils n'étaient pas des gentils, ni esclaves ni femmes.

Pensez à cette prière en lisant Galates 3.28 : « Il n'y a plus ni Juif ni Grec [païen], il n'y a plus ni esclave ni libre, il n'y a plus ni homme ni femme ; car tous vous êtes un en Jésus Christ. »

Ceci était une déclaration très radicale faite par Paul. Dans la culture de son époque, les Juifs étaient supérieurs aux Grecs [« les gentils » dans les Évangiles et Actes ; « les païens » dans les épitres de Paul], les esclaves étaient inférieurs aux hommes libres, et les hommes étaient supérieurs aux femmes. Ici Paul reprend la pensée de Pierre (et Joël) en proclamant qu'il n'y a pas de classe sociale supérieure ou inférieure dans le royaume de Dieu.

Dans le temple juif, il y avait des murs qui servaient des limites. Les gentils étaient permis d'entrer mais ne pouvaient pas aller plus loin. Les femmes juives, par contre pouvaient aller un peu plus loin à l'intérieur. Mais il y avait encore une autre barrière devant elles. Les hommes pouvaient aller plus loin à l'intérieur, mais c'était seulement les prêtres (toujours hommes) qui avait le droit d'entrer dans le lieu très saint. Quand Jésus est mort, le voile qui séparait les lieux était déchiré. Cela a indiqué que tout le monde pouvait dès lors entrer librement dans la présence de Dieu. Aujourd'hui ceux qui croient en Jésus Christ sont un nouveau peuple de Dieu, et aussi le temple de Dieu. Le peuple de Dieu est « un sacerdoce royal ». Les vieux murs et barrières sont maintenant brisés, et tous, jeunes et vieillards, de toute nationalité, hommes et femmes peuvent aller dans la présence de Dieu.

LES FEMMES DE TOUT PREMIER PLAN DANS LE NOUVEAU TESTAMENT

Anne une prophétesse, s'est réjouie à la naissance de Jésus (Luc 2.36-38). Prisca est l'une parmi le peu de gens que Paul appela « Compagnon d'œuvre en Jésus Christ » (Romain 16.3). Elle et son mari prêchent et enseignent (Actes 18.26). Tabitha était connue pour ses actes de charité et comme une personne qui assistait les pauvres (Actes 9.36). Philippes avait quatre filles qui prophétisaient. (Actes 21.9). Évodie et Syntyche étaient aussi des compagnons d'œuvre en Jésus Christ de Paul. Elles ont combattu pour l'Évangile avec lui (Philippines 4.2-3). Ceci signifie qu'elles ont travaillé dur et peut-être qu'elles ont subi des persécutions.

Les femmes ont démontré clairement les qualités de leaders dans le dernier chapitre des Romains. À première vue, cela ressemble à une longue liste des noms, comme signifiant rien. Toutefois quand nous lisons Romains 16.1-15 et citons le nombre de gens mentionnés par Paul, nous découvrons quelque chose d'extraordinaire :

1) Phoebe était un diaconnesse et elle a beaucoup aidé les gens. (L'énoncé grec laisse entendre qu'elle était probablement riche).

2) Prisca était décrite comme compagnon d'œuvre en Jésus Christ et une église se réunissait chez elle. Son nom est d'habitude cité avant celui de son mari, et ceci suppose qu'elle était peut-être leader.

3) Marie qui a travaillé très dur.

4) Junia était une femme, et elle et son mari Andronicus étaient remarquables parmi les apôtres. Ceci sous-entend qu'elle était appelée à l'apostolat.

5) Tryphena …

6) … et Tryphosa sont deux femmes qui ont travaillé dur dans l'œuvre du Seigneur.

7) Persis a travaillé dur dans l'œuvre du Seigneur.

8) La mère de Rufus était comme une mère pour Paul.

9) Julia

10) La sœur de Nérés

Dix sur vingt–neuf conducteurs des églises étaient des femmes !

Nous admettons qu'il y a des interprétations différentes pour l'attitude de Paul envers les femmes, en particulier, les deux versets mentionnés au début de ce chapitre. Cependant si nous lisons les Écritures dans l'ensemble, nous verrons qu'il y a un fondement biblique clair qui implique la femme dans le ministère. À la lumière des écritures de l'Ancien et du Nouveau Testament, la preuve biblique est celle qui dit que, les femmes et les hommes sont égaux, nous devons nous attendre de les voir aussi leaders dans l'Église comme les hommes. Les dons spirituels sont donnés à tous. Ce n'est pas seulement donné aux hommes.

Parfois dans les livres chrétiens, ou ailleurs, un auteur ou un orateur utilise « il » quand on se réfère au pasteur. Même s'ils ne se réfèrent pas seulement aux hommes, ils trouvent cela plus facile de dire « il ou elle », ou écrire des choses comme il/elle. Beaucoup d'entre nous était enseignés d'utiliser « il » là où le genre n'est pas précisé. Toutefois, quand ceci arrive nous ne devons pas l'interpréter pour se référer seulement aux hommes.

5

PAIS SES BREBIS

Un jour Jésus et ses disciples étaient assis autour d'un feu mangeant les poissons qu'ils avaient attrapés. Jésus regarda directement Pierre et dit, « Simon, fils de Jonas, m'aimes-tu ? » Sans doute Pierre pensait qu'il y a quelques semaines passées, quand il se tenait à côté du feu dans la cour du souverain sacrificateur Caïphe pendant que Jésus était en procès dans la nuit, il a juré et renié qu'il connaissait Jésus.

« Oui Seigneur, répondit Pierre, Tu sais que je t'aime. Jésus dit à Pierre, « Pais mes agneaux ».

Jésus lui posa encore une troisième fois la même question, « Simon fils de Jonas, m'aimes-tu ? » À chaque fois que Pierre répondait, Jésus lui disait, « Pais mes agneaux » (Jean 21.15-17). Jésus traitait Pierre avec amour et compassion. En douceur, il l'a rétabli comme leader.

Des années plus tard, Pierre étant vieux, et il dit aux anciens de l'Église, « paissez le troupeau de Dieu qui est sous votre garde, non par contrainte, mais volontairement, selon Dieu ; non pour un gain sordide, mais avec dévouement » (1 Pierre 5.2).

LA REPRÉSENTATION BIBLIQUE D'UN BERGER

Cela peut sembler bizarre que Jésus (un charpentier) dise à Pierre (un pé-cheur), de se comporter comme un berger (« Pais mes agneaux »). Cependant l'image d'un berger prenant soin des agneaux, est très souvent utilisée dans la Bible. Les agneaux se portent bien quand les humains prennent soin d'eux. Mais ils se battent pour vivre en liberté. Il y a des bétails sauvages, des chevaux sauvages, des porcs sauvages, des chiens sauvages, même des chats sauvages, mais il y a très peu des agneaux sauvages. Les agneaux fournissent de la laine aux humains pour leur habillement. D'autres variétés donnent du lait à boire et de la bonne viande à manger. Les bergers protègent les agneaux contre les ennemis et le danger, et les conduisent dans un bon pâturage où ils peuvent trouver de l'herbe à manger qui convient à leur santé.

Abraham, Isaac et Jacob étaient tous des bergers. Moïse était berger quand Dieu l'a appelé pour faire sortir les enfants d'Israël de l'Égypte. La Bible utilise l'illustration du berger et un troupeau pour montrer la relation entre Dieu et son peuple.

David s'occupait des agneaux quand Samuel l'a oint comme roi. Ce roi berger a écrit cet adorable cantique :

L'Éternel est mon berger ;

je ne manquerai de rien.

Il me fait reposer dans de verts pâturages,

Il me dirige près des eaux paisibles.

Il restaure mon âme,

Il me conduit dans les sentiers de la justice, à cause de son nom.

Quand je marche dans la vallée de l'ombre de la mort,

Je ne crains aucun mal, car tu es avec moi :

Ta houlette et ton bâton me rassurent.

(Psaumes 23.1-4)

Ésaïe aussi a décrit Dieu comme un aimable et doux berger, qui prend soin des agneaux.

Comme un berger, il paitra son troupeau.

Il prend les agneaux dans ses bras,

Et les portera dans son sein ;

Il conduira les brebis qui allaitent.

(Ésaïe 40.11)

Ézéchiel a condamné les leaders d'Israël, en utilisant l'image d'un mauvais berger pour montrer qu'il a raison.

Malheur aux bergers d'Israël qui ne s'occupent que d'eux-mêmes.

N'est-ce pas le troupeau que les bergers doivent faire paitre ?

Vous vous êtes nourris de sa graisse et habillés de sa laine, vous avez abattu les bêtes grasses, mais …

… vous ne faites pas paitre le troupeau.

… vous n'avez pas aidé les brebis chétives à retrouver des forces.

… vous n'avez pas soigné celle qui était malade.

… vous n'avez pas bandé celle qui avait une patte cassée.

… vous n'avez pas ramené celle qui s'était écartée.

… vous n'avez pas cherché celle qui était perdue.

Non, vous leur avez imposé votre autorité par la violence et la tyrannie.

Mes brebis se sont dispersées, faute de berger, et elles sont devenues la proie de toutes les bêtes sauvages. (Ézéchiel 34.2-5, BDS)

Dieu a rejeté tous ces pasteurs négligents, cupides. Il sera lui-même le vrai pasteur comme il voulait qu'ils soient.

C'est moi qui ferai paitre mes brebis, c'est moi qui les ferai reposer. Je cher-cherai celle qui était perdue, je ramènerai celle qui était égarée, je panserai celle qui est blessée, et je fortifierai celle qui est malade. Mais je détruirai celles qui sont grasses et vigoureuses. Je vais les paitre avec justice. (Ézéchiel 34.15-16)

Jésus aussi a utilisé l'image d'un berger pour enseigner le peuple sur lui-même. Il dit, « Je suis le bon berger. Le bon berger donne sa vie pour ses bre-bis » (Jean 10.11).

Paul a utilisé l'image d'un berger pour enseigner les leaders de l'Église à Éphèse. « Prenez donc garde à vous-mêmes tout le troupeau sur lequel le Saint-Esprit vous a établis évêques, Pour paitre l'Église du Seigneur, qu'il s'est acquise par son propre sang » (Actes 20.28).

Pourquoi nous utilisons un tel mot : pasteur. comme titre ? La réponse se trouve dans le cheminement biblique de ce terme, qui est interchangeable avec berger.

- Dieu a promis : « J'établirai sur elle un seul pasteur, qui les fera paitre, mon serviteur David ; il les fera paitre, il sera leur pasteur » (Ézéchiel 34.23).

- Jésus accomplit la promesse et dit, « Je suis le bon berger » (Jean 10.11).

- Jésus confie le travail du berger à son disciple Pierre, « Pais mes agneaux » (Jean 21.15-17).

- Pierre a démontré que le message d'être berger n'était pas pour lui seul. Il a écrit aux conducteurs des églises et leur dit, « Paissez le troupeau de Dieu qui est sous votre garde, non par contrainte, mais volontairement, selon Dieu : non pour un gain sordide, mais avec dévouement » (1 Pierre 5.2).

Donc David, Jésus et Pierre sont des modèles de bergers (pasteurs) pour nous. L'ordre qui a été donné aux anciens de l'Église presque 2.000 ans passés par Pierre, nous est encore donné aujourd'hui. Nous devons être des bergers du troupeau de Dieu. Dieu veut que nous conduisions son peuple avec douceur et bonté comme de bons bergers.

Regardons ce que tout ceci veut dire pour nous aujourd'hui.

GROS PASTEURS ET MAIGRES AGNEAUX

Dieu veut que les conducteurs de son peuple soient des bons bergers qui se soucient réellement des agneaux. Dieu est furieux quand il voit des gros pasteurs et des maigres agneaux.

Nous avons vus précédemment comment Dieu était furieux contre les conducteurs d'Israël. Il a parlé à travers le prophète, « Malheur aux pasteurs d'Israël, qui se paissaient eux-mêmes ! Les pasteurs ne devaient-ils pas paitre le troupeau ? … Mon troupeau est errant sur toutes les montagnes et sur toutes les collines élevées, mon troupeau est dispersé sur toute la face du pays ; nul n'en prend souci, nul ne le cherche » (Ézéchiel 34.2-6).

Ceci est une triste image. Dieu est furieux contre les conducteurs d'Israël par ce qu'ils n'ont pas fait leur travail convenablement. Ce passage biblique, même si elle était écrite des milliers d'années passées, il nous est utile aujourd'hui. Il nous démontre les qualités que Dieu veut trouver dans un berger moderne.

Un bon pasteur paitra les agneaux, fortifiera les faibles, guérira les malades, pansera celles qui sont blessées, ramènera celles qui se sont égarées, cherchera celles qui sont perdues, et les protègera contre les bêtes des champs.

Dieu a renvoyé les mauvais leaders, parce qu'ils se paissaient eux-mêmes et ils n'ont pas pais les brebis. Ils étaient bien nourris pendant que les brebis étaient maigres et malades. Ils ne seront plus permis de diriger encore. Ils ne seront plus bergers. Dieu lui-même paitra les agneaux. Dieu promit dans l'avenir qu'il y aura un leader qui a un cœur de berger. « J'établirai sur elles, un seul pasteur, qui les fera paitre, mon serviteur David, il les fera paitre, il sera leur pasteur » (Ézéchiel 34.23).

Jésus, le bon berger

Des années plus tard, la prophétie d'Ézéchiel s'accomplit. Jésus dit, « Je suis le bon berger. » (Jean 10.11). Ainsi nous posons la question, « que voulait dire Jésus en disant qu'il est le bon berger ? »

Au temps de Jésus, l'effectif des troupeaux que conduisaient les bergers était différent. Certains avaient seulement dix ou vingt brebis pendant que d'autres avaient jusqu'à cent brebis. Pendant la journée, les bergers conduisaient le troupeau dans les collines pour trouver de l'herbe à manger. Le soir ils ramenaient le troupeau dans la bergerie. Une bergerie est un enclos fait avec une margelle et une entrée étroite à travers laquelle les brebis entraient et sortaient.

C'était fréquent pour beaucoup de bergers de se partager la bergerie. La nuit les brebis étaient entourées par des fortes margelles, protégées contre des chiens ou des animaux sauvages. Un berger aussi dormait sur l'entrée pour empêcher aux brebis de sortir ou aux animaux sauvages d'entrer. Le matin les bergers se pointaient et appelaient leurs brebis par leurs noms, et les conduisaient dans les champs.

Jésus est le bon berger. Il connaît ses brebis par leur nom. Il les appelle, l'un après l'autre et elles viennent à lui. Elles le font confiance et quand il les conduise dans des bons pâturages, elles le suivent. Ce sont toutes des bonnes qualités. Beaucoup de bergers ont fait cela à leur brebis, mais Jésus est très bon et il est différent de ces bergers-là. Jésus dits qu'il donne sa vie pour ses brebis (Jean 10.11).

C'est une déclaration extraordinaire, parce que normalement les brebis sont les moyens de vivre pour un berger. Jésus a démontré qu'il disait la vérité. Il est mort pour ses brebis. Il les a tellement aimées.

Comme les pasteurs doivent en principe être des bergers qui conduisent le peuple de Dieu, nous devons comprendre nos responsabilités. Nous pouvons voir ce que font les bons bergers, et ce que nous devons faire.

Le berger nourrit les brebis

Chaque matin un berger conduit ses brebis dans des endroits où elles peuvent trouver de la nourriture. Le pasteur aussi doit nourrir l'assemblée des fidèles. Cette nourriture vient de la parole de Dieu. Prenez en considération l'enseignement que Paul a donné à Timothée :

- «Jusqu'à ce que je vienne, applique-toi à la lecture, à l'exhortation, à l'enseignement» (1 Timothée 4.13).
- «Toute Écriture est inspirée de Dieu, et utile pour enseigner, pour convaincre, pour corriger, pour instruire dans la justice» (2 Timothée 3.16).
- «Prêche la parole, insiste en toute occasion, favorable ou non, reprends, censure, exhorte, avec toute douceur et en instruisant» (2 Timothée 4.2).

Il est facile de penser qu'un pasteur est d'abord prédicateur. Mais avant de donner une prédication, il doit y avoir une étude. Le pasteur doit lire la parole de Dieu chaque jour.

Tout d'abord le pasteur la lit pour sa propre nourriture spirituelle. Comme Jésus se rapporte à l'Ancien Testament en disant, «l'homme ne vivra pas de pain seulement, mais de toute parole qui sort de la bouche de Dieu» (Matthieu 4.4, regardez aussi Deutéronome 8.3). Si nous nous passons de la nourriture pendant quelques jours nous serons faibles. De la même façon si nous ne lisons pas la parole de Dieu régulièrement, notre vie spirituelle s'affaiblira.

Deuxièmement, le pasteur étudie la parole de Dieu chaque jour, pour avoir la nourriture à partager avec le peuple.

Êtes-vous déjà passé devant une boulangerie et senti l'odeur d'un délicieux arome d'un pain qui vient d'être cuit ? Qui vous fait venir l'eau dans la bouche et vous pousse à aller s'en procurer. Rien ne sent aussi bon qu'un pain qui vient d'être cuit. D'autre part, qui voudra un pain rassis préparé il y a une semaine ? On ne peut pas le vendre dans des boutiques. On le livrera comme nourriture des porcs.

Les pasteurs doivent apporter à leurs assemblées un des messages fraîchement préparé. Certains pasteurs sont occupés à faire beaucoup d'autres choses que de mettre un temps précis pour préparer de bonnes prédications. Alors il enseigne une ancienne prédication, qu'ils ont déjà enseignée avant. Les gens vont bientôt se rendre compte qu'on est en train de leur servir un pain rassis. Ils seront découragées et, peu de temps après, certains iront ailleurs. Les gens veulent une nourriture fraîche qui vient du four, pas le restant qui a été un peu chauffé.

Étudier la parole de Dieu, est la façon la plus importante pour « nourrir les brebis. » Mais il nous faut aussi passer le temps dans la prière pour que Dieu fasse brûler sa parole dans nos cœurs. Le feu du Saint-Esprit doit brûler dans le cœur du pasteur, alors le message sera chaud, frais, et répondra aux attentes des gens. Paul dit, « Ma parole et ma prédication ne reposaient pas sur les discours persuasives de la sagesse, mais sur une démonstration d'Esprit et de puissance » (1 Corinthiens 2.4).

Paul avait fait des hautes études, mais il ne se fiait pas sur ses études. Il savait que ce n'est que la parole de Dieu prêchée avec la puissance du Saint-Esprit, qui peut transformer la vie des gens. Il dit, « Car je n'ai point honte de l'Évangile : C'est une puissance de Dieu pour le salut de quiconque croit » (Romain 1.16).

Le berger protège ses brebis

Des chiens sauvages peuvent tuer beaucoup d'agneaux dans une nuit. Un berger doit surveiller les brebis, et les protéger des animaux dangereux. Paul a dit aux dirigeants des églises à Éphèse, «Je sais qu'il s'introduira parmi vous, après mon départ, des loups cruels qui n'épargneront pas les troupeaux» (Actes 20.29). Pierre a averti les dirigeants des Églises, «Soyez sobres, veillez. Votre adversaire, le diable, rôde comme un lion rugissant, cherchant qui il dévorera» (1 Pierre 5.8).

Nous vivons dans un monde de péchés. La tentation est tout autour de nous. Satan aime rendre le péché plus attractif pour empêcher les chrétiens de suivre Christ. Les pasteurs doivent être vigilants et rappeler le peuple de Dieu les commandements et l'espérance. Jésus avait vaincu les péchés en se référant aux écritures. Beaucoup d'autres trouvent qu'il y a une grande puissance à la parole de Dieu.

Pour les jeunes gens il y a beaucoup de tentations. Le péché a l'air agréable et excitant et ils n'ont pas encore expérimenté la partie fatale de la vie des péchés. À moins que les jeunes gens aient étudiés la Parole de Dieu et l'aient placée dans leur cœur, sinon ils vont s'éloigner de la protection du berger ou quitter la bergerie. Examinez ces deux versets des psaumes 119 ;

Je serre ta parole dans mon cœur, afin de ne pas pécher contre toi. (Psaumes 119.11)

Comment le jeune homme rendra-t-il pur son sentier ? En se dirigeant d'après ta parole. (Psaumes 119.9)

Des faux enseignants sont aussi un autre type du danger. Jésus a dit, «gardez-vous de faux prophètes ; ils viendront comme des agneaux, mais ils sont des loups ravisseurs» (Jean 7.15). Ce sont des prédicateurs et des enseignants qui au départ avaient l'air chrétien. Ils parlent de Dieu et de Jésus. Ils vivent une bonne vie. Si nous regardons de près ils suivent un autre chemin.

Par exemple, les mormons enseignent que Jésus est le fils de Dieu, et qu'il est le sauveur. Toutefois ils ne tiennent pas la Bible comme la seule parole écrite de Dieu, et ils étudient le Livre de Mormon aussi. Beaucoup de leurs enseignements ne correspondent pas à la Bible.

Les Témoins de Jéhovah ont créé leur propre traduction biblique pour la forcer à s'accorder avec leur foi. À cause de cela, ils ne croient pas aux doctrines fondamentales chrétiennes, telle que la Trinité.

Les disciples de Bahaï parlent beaucoup de la paix et de l'amour, mais ils ne croient pas que Jésus est le sauveur du monde. Ils enseignent qu'il y a plusieurs façons de trouver et de connaître Dieu.

Les pasteurs doivent être des bons enseignants pour que leur peuple soit fidèle et connaisse ce qu'il faut croire. Alors ils ne seront pas conduits en erreur par des faux enseignants. La Bible est une lampe à nos pieds, et une lumière sur notre sentier (Psaumes 119 ; 105). Si les gens connaissent la Bible, ils sont moins susceptibles d'être conduits en erreur par des fausses lumières.

Le berger rétablit les brebis qui sont tombées

Dans certains pays il y a beaucoup d'herbe fraîche, et les brebis sont en bonne santé, et elles ont un pelage en laine lourd. Des brebis ont des petits pieds et souvent elles deviennent grosses. Des brebis habitent souvent dans des pays de collines, et si une brebis perdait son équilibre et tombait, il lui sera difficile de se relever encore. À moins qu'un berger vienne l'aider à se relever, sinon elle dormira sur son dos, et continuera à donner des coups de pieds en l'air jusqu'à ce qu'elle meure. Si un berger voit une brebis qui a des ennuis il va courir à son secours pour la relever et la tenir debout. Ainsi la brebis sera en sécurité et pourra rejoindre les autres.

Parfois les chrétiens tombent dans le péché. Les pasteurs et les autres chrétiens ne doivent pas les rejeter mais, ils doivent plutôt les aimer et les aider à se relever. Pierre était le principal disciple. Il a aimé Jésus et a abandonné son occupation et sa famille pour le suivre. Mais quand Jésus était arrêté, Pierre a suivi Jésus à distance. Sa foi n'était pas ferme. Et quand les gens lui ont demandé, « Es-tu disciple de Jésus ? » Il a renié son Seigneur. Il a prétendu ne pas le connaître. Malgré cela, Jésus ne l'a pas rejeté. Jésus a dit aux femmes dans la tombe de dire aux disciples, Pierre inclut, qu'il était ressuscité. Jésus a eu une conversation personnelle avec Pierre et l'a rétabli dans son rôle de leader.

Écoutez ce bon conseil de Paul :

> *Frères, si un homme vient à être surpris à quelque faute, vous qui êtes spirituels, redressez le avec un esprit de douceur. Prends garde à toi-même, de peur que tu ne sois aussi tenté.* (Galates 6.1)

Un pasteur a beaucoup à faire que de prêcher dans l'église tous les dimanches matin. Ceux qui se sentent vaincus ou qui sont en train de lutter pour leur foi, ils ont besoin d'être soutenus. Le pasteur doit les visiter chez eux ou ailleurs où ils peuvent parler en privé. Le pasteur doit se renseigner sur leur vie spirituelle et découvrir les problèmes qu'ils ont. C'est bon de les encourager. Nous le faisons de plusieurs façons, mais normalement nous partageons des versets bibliques avec eux et prions pour eux. Parfois un pasteur devra mener une personne à une prière de repentance ou de confession. Ceci les aidera et rétablira leur foi en Christ.

> *Mes frères, si quelqu'un parmi vous s'est égaré loin de la vérité, et qu'un autre l'y ramène, qu'il sache que celui qui ramènera un pécheur de la voie où il s'était égaré, sauvera une âme de la mort et couvrira une multitude des péchés.* (Jaques 5.19, 20)

C'est important qu'un pasteur soit un membre de la communauté en qui les gens font confiance. Un pasteur ne peut pas partager avec les autres, même son épouse ou son ami intime, les choses qu'on lui a dites en privé.

Le berger aime les brebis

Les pasteurs doivent travailler avec un cœur d'amour. Paul a dit, « l'amour de Christ nous presse » (2 Corinthiens 5.14). Personne n'a forcé Paul d'être apôtre et de risquer sa vie en prêchant la bonne nouvelle. L'amour de Dieu qui a rempli le cœur de Paul, était une force motrice qui l'a poussé et motivé.

Nous devons aussi travailler avec un cœur débordant d'amour. Écoutez ces mots de Jean :

> *Bien-aimés, aimons nous les uns les autres ; car l'amour est de Dieu, et quiconque aime est né de Dieu et connait Dieu. Pour nous, nous l'aimons, parce qu'il nous a aimés le premier. Si quelqu'un dit : J'aime Dieu, et qu'il haïsse son frère, c'est un menteur ; car celui qui n'aime pas son frère qu'il voit, comment peut-il aimer Dieu qu'il ne voit pas ? Et nous avons de lui ce commandement : que celui qui aime Dieu aime aussi son frère.* (1 Jean 4.7, 19-21)

Le travail du pasteur n'est pas facile. La première tâche du pasteur est d'étudier et préparer le message à prêcher. Mais il y a beaucoup à faire que cela. Les pasteurs doivent considérer les autres et les écouter. Ils resteront avec des familles au moment de la maladie et de la mort. Si un couple a un problème dans le foyer, le pasteur prendra le temps de les écouter attentivement. Le pasteur visite les gens chez eux. Tout ceci montre l'amour que le pasteur a pour le peuple de Dieu.

Le pasteur supervise aussi tout le programme de l'église. C'est beaucoup de travail qui peut être très fatigant. Le pasteur ne peut bien le faire que s'il a un amour profond pour ses fidèles. Pierre décrit l'attitude d'un pasteur dans 1 Pierre 5.

Un pasteur paît le troupeau de Dieu :

> *Non par contrainte …*
> > *mais volontairement*
>
> *Non pour un gain sordide …*
> > *mais avec dévouement*
>
> *Non comme dominant sur les brebis …*
> > *mais en étant un modèle du troupeau*

Le pasteur ne travaille pas avec hésitation ou à contre cœur, mais il doit travailler avec empressement, avec un cœur rempli d'amour pour Dieu et pour ses fidèles. Cet amour n'est pas seulement une émotion que nous sentons à l'intérieur. L'apôtre Jean a dit, «Petits enfants, n'aimons pas en paroles, et avec la langue, mais en actions et en vérité» (1 Jean 3.18). Un pasteur est digne d'un salaire, bien sûr. Mais cela n'est pas sa motivation première. La première raison de faire tout ce travail, c'est l'amour.

Le pasteur est un modèle pour les brebis

Jésus conduit au dehors les brebis et il marche à leur tête. Elles le suivent «parce qu'elles connaissent sa voix» (Jean 10.4). Le berger ne marche pas derrière le troupeau en criant, grondant, et en craquant un fouet. Il ne poursuit pas les brebis avec un grand bâton, mais il marche calmement devant eux en les appelants par nom. Les brebis suivent parce qu'elles ont confiance au berger. Les pasteurs prennent soin du troupeau, mais ils n'exercent pas «un pouvoir autoritaire» sur les brebis. Ils devraient «les modèles du troupeau» (1 Pierre 5.2-3, BDS). Si le pasteur est une femme de prière, cela ne prendra pas longtemps pour que ses fidèles développent une forte vie de prière. Si le pasteur est un homme de foi, les fidèles deviendront vite des hommes de foi. Si le pasteur est zélé pour l'évangélisation personnelle, les fidèles aussi commenceront à partager leur foi.

Les gens dans les assemblées observent leurs leaders. Sans même qu'ils s'en appelant, ils commencent à les copier. Ils copient ce qu'ils voient dans la vie du pasteur et ce qu'ils entendent le pasteur dire. Si ce qu'ils entendent confirme ce qu'ils voient, alors ils seront très enthousiastes de suivre l'exemple du pasteur. S'ils entendent un message merveilleux, mais ne voit pas le fruit de ce message dans la vie courante du pasteur, ils rejetteront le message et ne le suivront plus.

Le Bon Berger récompensera les bergers

Les pasteurs sont les bergers, mais Jésus est le Bon Berger. Un jour nous nous tiendrons devant lui pour rendre compte de nos actes. Paul dit, « veillez donc sur vous-mêmes et sur tout le troupeau de l'Église, que le Saint-Esprit a confié à votre garde. Comme de bons bergers, prenez soin de l'Église de Dieu qu'il s'est acquise par son sacrifice » (Actes 20.28, BDS).

Nous utilisons le mot brebis pour parler des chrétiens dans nos assemblées. Toutefois ce ne sont pas nos brebis, ce sont les brebis de Jésus. L'Église appartient à Dieu ; elle n'est pas à nous. L'Église a une grande valeur devant Dieu pour l'avoir rachetée par le sang de Jésus Christ. Rien ne peut avoir plus de valeur que le sang du Fils unique de Dieu.

Jésus bâtit son Église. Encore, elle ne nous appartient pas, mais à Jésus. Cependant Dieu l'a placée dans nos mains pour s'en occuper et la soigner, pour qu'elle grandisse et prospère. Ceci est une responsabilité géniale. Nous faisons partie d'une longue histoire des pasteurs qui ont tenu l'Église de Dieu. Certaines églises en Europe ont plus de mille ans. Les pasteurs viennent et partent mais l'Église continue toujours à exister. Aucun d'entre nous ne conduira une église pour toujours. Nous prendrons finalement la retraite et quelqu'un d'autre nous remplacera à la tête de l'église. Nous devons nous occuper soigneusement de l'église locale, pour que quand nous nous tenons devant Dieu, nous donnons un bon rapport. Pierre a dit que Jésus le bon berger a une récompense pour ceux qui font son travail. « Alors, quand le Chef des bergers paraîtra, vous recevrez la couronne de gloire qui ne perdra jamais sa beauté » (1 Pierre 5.4).

Dans cette vie beaucoup de pasteurs travaillent des longues heures et reçoivent peu d'argent. Ils n'ont pas toujours de belles maisons. Parfois ils se
battent pour avoir de la nourriture et les vêtements. Dieu voit tout cela et il
comprend. Paul a subi beaucoup d'épreuves et de persécutions mais il n'était
pas découragé. Il s'était concentré à sa tâche actuelle et attendait avec impatience la récompense à venir. « J'estime d'ailleurs qu'il n'y a aucune commune
mesure entre les souffrances de la vie présente et la gloire qui va se révéler en
nous » (Romains 8.18).

6

LA TÂCHE D'UN PRÊTRE

« Je ne suis pas un prêtre, le jeune homme insista, je suis pasteur. Les prêtres portent des robes et allument des bougies. Je ne fais pas cela. Je prêche la parole de Dieu et aide les gens à croire en Christ. »

Beaucoup de gens quand ils entendent le mot « prêtre », ils font allusion aux robes, bougies et vitrail. Pendant que ceci n'est une compréhension répandue du mot, alors qu'en fait, il signifie plus que cela. Un prêtre est celui qui se met entre les le peuple et Dieu. À l'époque biblique, le prêtre apportait les prières du peuple, leur offrande et sacrifice devant Dieu. Il proclamait aussi la clémence, la grâce, et le pardon de Dieu au peuple.

PRÊTRES DANS L'ANCIEN TESTAMENT

Dans l'Ancien Testament nous voyons deux sortes de leaders spirituels : prophètes et prêtres. Les prophètes parlaient aux hommes de la part de Dieu. Les prêtres parlaient à Dieu de la part des hommes et proclamaient la bénédiction de Dieu aux hommes.

Moïse et Aaron sont des bons exemples pour ces deux genres de leaders. Moïse était un prophète qui recevait le message de Dieu et les rapportait aux hommes. Ils dirent à Moïse, « Approche, toi, et écoute tout ce que dira l'Éternel, notre Dieu ; tu nous rapporteras toi-même tout ce que te dira l'Éternel, notre Dieu ; nous l'écouterons, et nous le ferons » (Deutéronome 5.27). Aaron était un prêtre, et sa responsabilité était très différente. Il conduisait l'adoration et présentait les prières, les remerciements, les offrandes et sacrifices du peuple devant Dieu.

Aujourd'hui nous n'égorgeons pas les animaux et ne répandons pas le sang sur un autel en pierre. Toutefois, Cela ne veut pas dire qu'il n'y a pas un travail sacerdotal qui se fait.

Quand le pasteur conduit l'assemblée en prière et apporte leur peur, souffrances, maladies, et confessions devant Dieu, donc il agit comme un prêtre. Quand un nouveau membre se fait baptiser, ou quand les membres reçoivent la communion, le pasteur fait un devoir sacerdotal. Mais quand le pasteur prêche, il agit comme un prophète, en partageant la parole de Dieu avec les autres. Dans le travail et ministère d'aujourd'hui, le travail du pasteur, celui du prophète et celui du prêtre se combinent.

Le sacerdoce

Un individu peut être un prêtre, mais le sacerdoce est tout le groupe des prêtres et leurs responsabilités. Le sacerdoce est très important dans l'Ancien Testament. Exode, Lévitiques, et Deutéronome contiennent des instructions détaillées sur l'adoration et sur comment les prêtres exécutaient leurs devoirs spirituels. Tout le monde ne pouvait pas être prêtre. Les prêtres devaient être de la tribu de Levi. Ils devaient être consacrés dans une cérémonie spéciale. Cette cérémonie de consécration les distinguait et les autorisait à conduire l'adoration pour les hommes.

Dieu était très précis à propos du travail des prêtres. Il a aussi décrit les habits des prêtres. Ils étaient symboliques. En plus, le souverain sacrificateur portait des vêtements sacrés. Dieu décrit cela dans Exode 28 et 29. Le vêtement du souverain sacrificateur était riche en importants symboles.

La tête : le souverain sacrificateur portait une tiare sur sa tête, attachée au devant par un cordon bleu et une lame d'or pur, sur son front, et la phrase « Sainteté à l'Éternel » était gravée sur la lame d'or pur. Quand le prêtre entrait dans le sanctuaire devant Dieu, il portait cet insigne en or indiquant qu'il a été mis à part des autres, et consacré au Seigneur. Les pasteurs doivent faire de même, en prenant cette idée comme leurs principales préoccupations.

Nous sommes consacrés au Seigneur. Nous devons marcher devant Dieu et les hommes d'une façon qui plaise à Dieu.

Les épaules : Sur ces deux pierres précieuses avec des jolies couleurs, étaient gravés les noms des douze tribus d'Israël. Ces pierres précieuses étaient enchâssées dans leurs montures d'or, et arrêtées par devant les bouts de deux cordons aux deux montures placées sur les épaulettes de l'éphod. En entrant dans le sanctuaire pour faire son travail, le souverain sacrificateur portait symboliquement les noms des tribus sur ses épaules : « Ces pierres rappelleront le souvenir des fils d'Israël, et [le prêtre] portera leurs noms sur ses deux épaules devant l'Éternel comme un constant rappel » (Exode 28.12, BDS).

Les deux pierres étaient un symbole indiquant que le prêtre portait la responsabilité du peuple. Aujourd'hui, les pasteurs ont la même tâche. Paul dit, « Prenez donc garde à vous-mêmes, et à tout le troupeau sur lequel le Saint-Esprit vous a établis évêques, pour paitre l'Église du Seigneur, qu'il s'est acquise par son propre sang » (Actes 20.28). C'est une responsabilité effrayante d'apporter le fardeau du bien-être de la vie spirituelle des hommes. Paul dit encore, « Et sans parler du reste, je porte mon fardeau quotidien : le souci de toutes les Églises. En effet, qui est faible sans que je sois faible ? Qui tombe sans que cela me brûle ? » (2 Corinthiens 11.28-29, BDS).

Si nous essayions de porter les fardeaux de tous nos fidèles sur nos épaules, ce serait insupportable. Cependant ce n'est pas à nous de les porter seul. « Jésus est donc bien le grand-prêtre qu'il nous fallait » (Hébreux 7.26).

La pièce de la poitrine : Douze pierres précieuses étaient gravées avec les noms des douze tribus d'Israël. Ces pierres extrêmement polies étaient donc placées sur une superbe monture d'or, et attachées à la robe du prêtre sur sa poitrine. Ceci symbolisait encore l'idée que, les noms d'hommes étaient sur son cœur, et qu'il représentait les hommes quand il entrait dans le temple pour offrir des sacrifices. De même que, quand le pasteur conduit les fidèles dans l'adoration, ce n'est pas seulement l'individu qui parle. Le pasteur représente plutôt la congrégation. Pendant sa prière, le pasteur agit comme un prêtre, et apporte devant Dieu les joies, chagrins, échecs, succès, espoirs, et peur du peuple.

La consécration

Nous pouvons beaucoup apprendre sur la vie du pasteur quand nous étudions la cérémonie de consécration des prêtres que nous découvrons dans l'Ancien Testament.

Aaron et ses fils se présentèrent sur l'entrée de la tente pour adorer, prirent un bain spécial, et portèrent leurs vêtements particuliers. Le bain symbolisait la propreté et ces vêtements particuliers symbolisaient la vertu. La vertu et l'adoration vont ensemble.

Ils avaient reçu l'onction d'huile, ce qui symbolisait la présence du Saint-Esprit. Après cela ils firent trois offrandes. Le premier animal était égorgé en sacrifice pour les péchés des prêtres. Ils ne pouvaient pas sacrifier pour les autres avant que leurs propres péchés soient expiés

Le deuxième animal était un bélier, une brebis mâle. Il était égorgé et coupé par morceaux, et toute ses parties étaient brulées sur l'autel. Ceci symbolisait le dévouement total des prêtres à Dieu. L'équivalent du Nouveau Testament se retrouve dans Romains 12.1 où il nous est demandé d'offrir notre corps comme un sacrifice vivant à Dieu.

Le troisième animal sacrifié se rapportait surtout à leur travail en tant que prêtres. Aaron et ses fils posaient leurs mains sur la tête du bélier, il était égorgé et son sang était mis sur le lobe de l'oreille droite de ses fils, sur le pouce de leur main droite et sur le gros orteil de leur pied droit. Et une partie de l'huile d'onction était mélangée avec le sang du bélier et arrosé sur Aaron et ses fils et leurs vêtements. Ce rituel était fait chaque jour pendant sept jours.

Ce rituel donne une impression très étrange et effroyable pour beaucoup de gens aujourd'hui, parce qu'il y a implication de la mort et du sang. Le sang était important parce que Dieu dit, « Car l'âme de la chair est dans le sang. Je vous l'ai donné sur l'autel, afin qu'il servît d'expiation pour vos âmes, car c'est par l'âme que le sang fait l'expiation » (Lévitique 17.11).

Le sang sur le lobe de l'oreille droite met l'accent sur le devoir d'écouter Dieu et de lui obéir. « Aujourd'hui, l'Éternel, ton Dieu, te commande de mettre en pratique ces lois et ces ordonnances ; tu les observeras et tu les mettras en pratique de tout ton cœur et de toute ton âme » (Deutéronome 26.16). Le sang sur le pouce et sur le gros orteil indiquait que notre travail (mains) et notre marche quotidienne (pieds) devaient être contrôlés par Dieu.

Même si nous ne sacrifions plus les animaux, nous devons étudier ce passage pour mieux comprendre notre foi.

JÉSUS EST NOTRE SOUVERAIN SACRIFICATEUR

Quand nous lisons au sujet de sang sur l'oreille, le pouce et le gros orteil, c'est facile de comprendre pourquoi certaines personnes considèrent l'image de la crucifixion de Jésus. Il y avait du sang sur les mains, les pieds, et la tête de Jésus, parce que les clous étaient entrés dans ses mains et pieds. Il y avait le sang sur sa tête qui coulait de la couronne d'épines. L'une des façons que Jésus est décrit dans le nouveau testament est notre « souverain sacrificateur ».

Le livre des Hébreux compare et contraste le travail des souverains sacrificateurs juifs à celui de Jésus.

Différences :

- Le souverain sacrificateur juif venait des tribus sacerdotales des Levi mais Jésus était de la tribu royale de Judas.
- Le souverain sacrificateur était une personne ordinaire mais Jésus était le fils de Dieu envoyé du ciel.
- Le souverain sacrificateur était lui-même un pécheur. Jésus était sans péché.
- Le souverain sacrificateur avant de faire les sacrifices pour les autres, il devait d'abord sacrifier pour ses propres péchés. Jésus était pur et s'est offert lui-même comme un sacrifice pour les hommes.
- Le souverain sacrificateur faisait des sacrifices tous les jours, d'année en année. Jésus s'est sacrifié lui-même pour tous les hommes de toute nation et de tout âge, et cela ne va plus se répéter.

« Et tandis que tout sacrificateur fait chaque jour le service et offre souvent les mêmes sacrifices, qui ne peuvent jamais ôter les péchés, lui, après avoir offert un seul sacrifice pour les péchés, s'est assis pour toujours à la droite de Dieu » (Hébreux 10.11-12).

Jésus est assis maintenant à la droite du Père là où il intercède pour nous. Jésus mérite d'être notre souverain sacrificateur, parce qu'il s'est fait d'abord humain. Il peut nous représenter parce qu'il a vécu parmi nous. Il a connu la fatigue, la faim, et la soif. Il était tenté comme nous, mais il a vaincu toutes tentations. Pour gagner sa vie, il a travaillé comme charpentier. Il a marché sur des routes poudreuses, il était rejeté, trahi, tabassé, craché dessus, et haï, mais il a en plus pardonné les hommes qui l'ont haï. Voilà pourquoi il peut être notre souverain sacrificateur.

Nous pouvons nous approcher de Jésus avec confiance parce que nous savons qu'il comprend nos problèmes. Il compatit avec nous. Cela nous rend confiants pour nous présenter devant Dieu avec nos requêtes ; tout en sachant que nous recevrons la grâce et la miséricorde quand nous en avons besoin (voir Hébreux 4.15-16).

PORTEZ-LES SUR LES EPAULES

Le pasteur, agissant en tant que prêtre, à deux responsabilités importantes : de conduire le peuple à une vie de prière et de planifier le culte d'adoration.

Prière

La vie de Jésus est notre modèle pour le ministère d'aujourd'hui. Le pasteur qui refuse de se charger la peine, les problèmes, les souffrances et la peur des hommes, ne peut pas intercéder pour eux comme il se doit. C'est seulement le pasteur qui rend visite aux fidèles dans l'assemblée, qui écoute leurs problèmes, et qui comprends leur peur, qui peut vraiment les conduire vers Dieu dans la prière. L'une des choses les plus importantes qu'un pasteur peut faire, est de prier pour les fidèles. Samuel a dit aux Israelites, «Loin de moi aussi de pécher contre l'Éternel, de cesser de prier pour vous ! Je vous enseignerai le bon et le droit chemin » (1 Samuel 12.23). En prière, le pasteur porte symboliquement les noms de son peuple sur ses deux épaules «comme un constant rappel» devant Dieu.

Jésus nous a donné l'exemple de la prière. Il passait parfois toute la nuit dans la prière (Luc 6.12) et il se levait parfois avant la levée du soleil pour passer un moment de silence avec son père céleste (Marc 1.35). Nous avons lu qu'il s'éclipsait parfois dans le désert pour prier (Luc 5.16). Même maintenant, notre souverain sacrificateur est à la droite de Dieu, en train d'intercéder pour nous. Nous devons suivre son exemple et intercéder pour ceux qui sont sous notre garde.

Le culte

Le dimanche matin beaucoup de gens viennent à l'Église. Certains sont forts dans la foi ; il y a les nouveaux venus ; les autres sont peut-être en train de lutter contre la tentation. Quelqu'un peut venir content dans l'Église, parce qu'il a eu un nouveau travail, pendant qu'un autre est triste d'avoir perdu le sien. Malades, nerveux, abandonnés, ils viennent. Certains d'entre eux ne savent pas comment prier. Ils souffrent intérieurement. Les autres sont content de passer un moment ensemble avec le peuple de Dieu et de célébrer la victoire de Jésus. Donc en un seul dimanche, un pasteur parle à des différentes sortes des personnes qui ont enduré toutes sortes d'épreuves.

Ceci est un grand défi pour le pasteur quand il conduit le peuple dans le culte. Le culte doit marcher de pair avec beaucoup de choses telles que :

- Notre adoration à Dieu
- La confession de nos péchés et nos échecs
- Nos louanges et remerciements pour la bonté de Dieu
- Notre célébration de la victoire de Jésus sur la croix
- L'engagement de notre vie pour lui

C'est le privilège et la responsabilité du pasteur de programmer un culte d'adoration qui permette aux fidèles de l'assemblée (avec tout leur besoin différent) de présenter leurs prières, requêtes et remerciements à Dieu ; et de recevoir sa miséricorde, sa grâce, et sa force.

CHAPITRE 7

LE CORPS DE CHRIST

Si nous étudions le pasteur en tant que berger et le pasteur en tant que prêtre, nous avons une meilleure compréhension des responsabilités du pasteur. Mais cela ne nous aide pas du tout à comprendre les responsabilités de l'assemblée. Paul nous dit qu'il y a différentes sortes des leaders. Mais, regardez ce verset et considérez ce qu'il dit sur ceux qui ne sont pas appelés à être leaders : « Et il a donné les uns comme [leaders] pour le perfectionnement des saints en vue de l'œuvre du ministère et de l'édification du corps de Christ » (Éphésiens 4.11-12).

Beaucoup de gens pensent que leur travail c'est d'assister à l'Église, d'aider pendant les cultes, et de donner les offrandes pour soutenir l'Église. Ce verset montre une image très différente. Il dit le travail de leader de l'Église est de préparer l'assemblée (le corps de Christ) en vue de l'œuvre du ministère. Quand ceci arrive l'Église se développe spirituellement et numériquement.

LE CORPS DE CHRIST

Après sa résurrection, Jésus est retourné aux cieux et laissa l'Église continuer son travail. Il nous a donné le Saint-Esprit pour nous remplir de la puissance, nous guider, et nous diriger. La Bible décrit l'Église comme un corps humain avec Jésus comme la tête et nous autres comme ses bras et pieds faisant son travail par la puissance du Saint-Esprit. La tête est la partie la plus importante du corps. Nous pouvons perdre un bras ou une jambe, et rester toujours en vie. Mais si nous perdons la tête alors nous mourrons dans un instant. Le cerveau est le poste de commande qui dirige toutes les parties du corps.

Tout comme Jésus avait compassion pour les pauvres, les abandonnés, les rejetés et toutes sortes de gens qui souffrent, l'Église aussi doit venir en aide dans toute compassion aux nécessiteux qui sont autour d'elle. Nous sommes son corps. Jésus parle par notre bouche. Il écoute par nos oreilles. Il touche avec nos mains et il marche dans les rues avec nos pieds. L'Église est beaucoup plus que le culte dominical. Jésus veut vivre tout le long de la semaine à travers nous. Dieu veut que l'Église soit comme un athlète fort avec toutes les parties de son corps qui travaille en harmonie. Malheureusement, l'Église paraît faible et paralysée et incapable de faire plus.

Un corps mais plusieurs membres

Notre corps est composé de plusieurs parties, même si chacun de nous n'est qu'une seule personne. Toutes les parties de notre corps ont chacune sa fonction. De la même façon, bien que nous soyons nombreux, nous les chrétiens sommes unis dans un seul corps avec Christ. Nous avons plusieurs membres dans un seul corps, et que tous les membres n'ont pas la même fonction (Romains 12.4-5).

Paul a examiné ce concept avec détails, dans 1 Corinthiens 12.

- Le corps est un et a plusieurs membres. Nous sommes un seul corps. (12)
- Chaque membre avec sa fonction. Nous sommes membres du corps chacun pour sa part. (27)
- Aucun membre n'est inférieur à l'autre. Personne ne peut dire qu'elle n'a pas besoin de l'autre. (15-19)
- Aucun membre n'est supérieur à l'autre. Personne ne peut dire qu'elle n'a pas besoin d'autre. (21-24)
- Tous les membres doivent fonctionner en harmonie avec les uns les autres. Afin qu'il n'y ait pas de division dans le corps, mais que les membres aient également soin les uns des autres. (25)

Chaque fidèle est un membre important du corps de Christ. Chacun a un travail à faire. Chaque membre du corps doit :

- Connaitre les dons qu'il a
- Travailler en harmonie avec les autres
- Utiliser ses dons pour servir les autres

Le pasteur ne peut pas faire tout le travail seul. L'un des plus grands défis du pasteur est d'aider les fidèles de son assemblée à découvrir leurs dons spirituels. Ensuite les former à utiliser ces dons pour aider et bénir les autres.

Le corps humain a des centaines de parties différentes. Le foie, les poumons, le cœur, les reins, la peau, les os, les veines, les muscles et les nerfs sont tous très différents. Chaque partie a sa fonction particulière et elle est nécessaire pour aider les autres parties du corps. L'Église agit de la même façon. Chaque chrétien est une partie du corps et chaque chrétien a un travail différent à faire. Le Saint-Esprit nous donne les dons spirituels pour que nous soyons capables de faire le travail qu'il veut que nous fassions. «C'est de lui, et grâce à tous les liens de son assistance, que tout le corps, bien coordonné et formant un solide assemblage, tire son accroissement selon la force qui convient à chacune de ses parties, et s'édifie lui-même dans la charité» (Éphésiens 4.16).

Nous ne devons pas nous sentir inferieurs parce que nous avons un don différent de l'autre. Nous ne devons pas non plus nous sentir supérieurs par rapport à quelqu'un qui n'a pas le même don que nous. Nous sommes tous membres d'un seul corps et nous fonctionnons tous ensembles. Nous avons tous besoin d'écouter Jésus qui est la tête du corps. Quand nous collaborons ensembles, tout le corps grandit, devient plus fort, et peut faire des grandes choses pour Dieu

DIEU DONNE LA DIVERSITÉ DES DONS

Les dons spirituels sont comme des instruments. Dieu nous donne ces instruments pour que nous puissions travailler pour lui et pour que nous soyons une bénédiction pour les autres. Personne n'a le jeu complet d'instruments. Nous devons travailler ensemble si nous voulons faire le travail. Ces dons ne sont pas seulement donnés aux hommes mais aussi aux femmes. Ils ne sont pas seulement donnés aux pasteurs mais aussi aux laïcs. Ils ne sont pas seulement donnés aux adultes mais aussi aux enfants et adolescents. Ils ne nous sont pas donnés pour faire de nous des orgueilleux, mais pour nous rendre utiles dans l'œuvre de Dieu.

> *Or, à chacun la manifestation de l'Esprit est donnée pour l'utilité commune.* (1 Corinthiens 12.7)

> *Comme de bons dispensateurs des diverses grâces de Dieu, que chacun de vous mette au service des autres le don qu'il a reçu.* (1 Pierre 4.10)

> *C'est lui qui a fait don de certains comme apôtres, d'autres comme prophètes, d'autres comme évangélistes, et d'autres encore comme pasteurs et enseignants.* (Éphésiens 4.11, BDS)

Ces dons sont distribués dans l'Église pour son bien et le bien de toute la communauté. Le Nouveau Testament contient plusieurs listes de dons, et ces listes ne sont pas exactement les mêmes. Nous examinerons plusieurs dons parce qu'ils s'associent beaucoup au travail du pasteur.

Apôtre

Ce mot par son origine signifie, un messager autorisé et bien préparé, envoyé comme ambassadeur avec des instructions bien définies pour donner le message de Dieu. Jésus a changé le nom des disciples (ce qui signifie « adeptes ») aux apôtres (ce qui signifie «envoyés»). Les douze apôtres ont été personnellement appelés par Jésus. Ils étaient témoins oculaires de son ministère, et l'Église comptait sur eux pour une connaissance précise de ce que Jésus avait dit et fait. Ils ont joué un rôle particulier dans l'histoire de l'Église. Parfois la Bible les appelle simplement «les douze» (1 Corinthiens 15.5).

Malgré cela il y avait aussi des leaders dans l'Église, appelés aussi apôtres : Paul et Barnabas (Actes 14.4), Andronicus et Junias (Romains 16.7), et Jacques, le frère de Jésus (Colossiens 1.9). Ces apôtres ont contribué à la fondation de la foi chrétienne. «Vous avez étés édifiés sur le fondement des apôtres et des prophètes, Jésus Christ lui-même étant la pierre angulaire» (Éphésiens 2.20).

Avons-nous encore des apôtres? Beaucoup de gens ne demandent pas le titre, mais à travers l'histoire de l'Église, Dieu a utilisé les gens comme apôtres.

Ils sont allés, ont commencé les églises locales et ont remis la succession du leadership à un pasteur local. Ils ont continué à fonder d'autres églises, mais dans l'entre-temps, ils continuaient à superviser, et à donner des instructions et la direction aux premières églises. Par exemple, John Wesley a commencé et dirigé le mouvement méthodiste. William Booth a créé l'Armée du Salut. Beaucoup de missionnaires pionniers ont fonctionné comme apôtres en implantant l'Église dans une nation particulière ou parmi des divers groupes de gens.

Prophète

Un prophète est inspiré par Dieu et donne des instructions ou directions claires à l'Église. Le prophète parle aux hommes « les édifie, les exhorte et les console » (1 Corinthiens 14.3).

Beaucoup de gens quand ils entendent le mot prophète, ils pensent que c'est quelqu'un qui prédit l'avenir. Mais, le prophète n'est pas un chrétien diseur de bonne aventure qui contrôle la vie des gens et leur dit ce que l'avenir réserve pour eux. Les prophètes ne doivent pas créer une nouvelle doctrine. Ils rappellent plutôt le peuple de Dieu au cœur de la foi, à la repentance, et à un nouvel attachement à Dieu.

L'évangélisation

L'évangéliste a le don particulier de présenter la bonne nouvelle à ceux qui ne sont pas chrétiens et les conduire à la foi en Christ. Certaines personnes ont le don de l'évangélisation personnelle. Ils ne peuvent pas conduire une réunion publique, mais ils conduisent beaucoup de gens à la foi en Christ. Certaines personnes tiennent des réunions à travers toute la ville et conduisent des centaines de gens, en une fois, à la foi en Christ.

Comme certaines personnes ont ce don, nous ne devons pas faire une grande différence entre pasteur et évangéliste. Paul a encouragé le pasteur Timothée de faire « l'œuvre d'un évangéliste » (2 Timothée 4.5). En d'autres termes, il doit y avoir des gens qui ont le don d'évangélisation, et qui ne sont pas pasteur, mais tout pasteur doit être évangéliste.

Enseignement

Jésus a ordonné à ses disciples de, « Enseignez-leur à observer tout ce que je vous ai prescrit » (Matthieu 28.20). Pareil au don d'évangélisation, certaines personnes ont le don d'enseigner, bien qu'ils ne soient pas appelés au ministère. L'une des premières responsabilités d'un pasteur est de paitre les brebis ce qui implique un enseignement soigneux sur la parole de Dieu. Le pasteur doit être capable d'enseigner, mais on a aussi besoin des gens qui ont le don d'enseigner ailleurs, tel que dans le ministère des enfants ou des clubs bibliques. On a besoin des enseignants pour conduire des études bibliques dans des réunions au foyer

Miracles

Dieu démontre parfois sa puissance et son amour en accomplissant des miracles. Ceci était souvent le cas quand l'Évangile était entré dans une région et quand les gens avaient beaucoup de questions. La démonstration de la puissance de Dieu convainquait souvent les gens que le message venait de Dieu. Nous devons nous rappeler que c'est Dieu qui fait les miracles. La personne par qui Dieu accomplit le miracle est simplement le canal de la puissance de Dieu. Il y a un seul Dieu, et il contrôle. Nous ne lui dictons ou ne lui disons pas ce qu'il doit faire. Nous comptons plutôt sur lui, en lui faisant complètement confiance et lui permettant de travailler au travers de nous.

La guérison

Le don de guérison est étroitement lié au don de miracles. Jésus a donné à ses disciples la puissance et l'autorité de guérir les maladies et les envoya « prêcher le royaume de Dieu, et guérir les malades » (Luc 9.1). Après cela, il désigna encore soixante-dix autres disciples pour prêcher et guérir (Luc 10.1-11). Remarquez que la proclamation de l'évangile est étroitement liée au don de guérison.

Dieu ne guérit pas toute maladie ; après tout, nous mourons tous un jour. Nous attendons finalement avec impatience le retour de Jésus et « Il essuiera toute larme de leurs yeux, et la mort ne sera plus, et il n'y aura plus ni deuil, ni cri, ni douleur, car les premières choses ont disparu » (Apocalypse 21.4). Chaque miracle de guérison aujourd'hui indique d'avance qu'il n'y aura plus de maladie.

Jésus a rejeté l'idée que toute maladie est le résultat d'un péché particulier (Jean 9.2). Les parties physiques, intellectuelles, et psychologiques de notre vie sont mêlés et ne peuvent donc pas se séparer. La jalousie, l'amertume, et la colère, sont comme des poisons dans notre corps. « Un cœur calme est la vie du corps, mais l'envie est la carie des os » (Proverbe 14.30).

Jacques a dit que les anciens de l'Église doivent prier pour les malades. Il a aussi lié la prière efficace à la confession. « Confessez donc vos péchés les uns aux autres, et priez les uns pour les autres, afin que vous soyez guéris. La prière fervente du juste a une grande efficace » (Jacques 5.16). Quand les gens confessent la colère, la jalousie, l'amertume, le ressentiment, et d'autres péchés, cela donne accès à la guérison divine. Nous devons prendre entièrement soin de la personne et ne pas séparer les besoins physiques des causes spirituelles.

Quand Dieu guérit quelqu'un à travers notre ministère, notre attitude doit être comme celle de Pierre après la guérison du boiteux dans le temple. Il dit,

> *Hommes Israelites, pourquoi vous étonnez-vous de cela ? Pourquoi avez-vous les regards fixés sur nous, comme si c'était par notre propre puissance ou par notre piété que nous eussions fait marcher cet homme ? Le Dieu d'Abraham, d'Isaac et de Jacob, le Dieu de nos pères, a glorifié son serviteur Jésus, que vous avez livré et renié devant Pilate, qui était d'avis qu'on le relâchât. C'est par la foi en son nom que son nom a raffermi celui que vous voyez et connaissez ; c'est la foi en lui qui a donné à cet homme, cette entière guérison en présence de vous tous. (Actes 3.12-13, 16)*

Nous voyons ici une combinaison d'humilité, de foi et d'élévation du nom et de la puissance de Jésus.

Les langues

Ce don a créé beaucoup de débats qui ont conduit à la division des églises. Certains soutiennent que ce don est le signe du baptême du Saint-Esprit. Les autres vont de l'autre extrême en disant que, ceux qui parlent en langues sont trompés par le diable. Les Écritures ne soutiennent pas l'une ou l'autre position. Ceci signifie que la vérité doit se trouver quelque part parmi les deux.

Ce n'est pas le moment d'en parler en profondeur. Ce don est examiné par Paul dans 1 Corinthiens 12 — 14. Paul dit que les langues sans la charité sont comme un airain qui résonne, ou une cymbale qui retentit (13.1). Il dit les langues cesseront mais la charité ne périt jamais (13.8). Il a aussi dit que celui qui parle en langues s'édifie lui-même ; celui qui prophétise édifie l'Église (14.4). C'est pourquoi que celui qui parle en langue prie pour avoir le don d'interpréter (14.13). Paul admet que dans l'Église il aime mieux dire cinq paroles avec son intelligence, afin d'instruire aussi les autres, que «dix mille paroles en langues» (14.19). Nous devons utiliser nos dons spirituels de telle manière que tout le monde dans l'Église soit affermi et béni.

Soutien

Certaines personnes n'aiment pas se tenir devant les autres comme leader, mais elles aiment porter leur soutien aux autres. Elles aiment être des héros dans l'ombre. Certains font des tasses de thé ou café. Pendant que d'autres se contentent de nettoyer la pelouse ou l'église. Les autres s'occupent de la sonorisation de l'église ou tiennent les finances de l'église. Un pasteur qui essaye de faire tout ce travail est bête. C'est important de déléguer la responsabilité aux autres et leur permettre ensuite de faire leur travail. Le Nouveau Testament a beaucoup d'exemples des gens qui avaient ce don telle que Tabitha (Actes 9.36), Phoebe (Romains 16.1-2), Clément et d'autres qui ne sont pas cités (Philippes 4.3).

Administration

Certaines personnes sont capables d'organiser un grand nombre d'aspects de programmes d'église pour que tout fonctionne normalement. En fait le mot utilisé dans 1 Corinthiens12.28 («direction», *La Bible du Semeur* ; « gouverner », *Louis Segond*) littéralement signifie piloter ou conduire. Tous les pasteurs n'ont pas le don d'administration, même s'il lui sera tenu de faire beaucoup de travail administratif. Si le pasteur n'a pas ce don, alors il est important de trouver quelqu'un qui le fait.

Les autres dons

Le Saint-Esprit donne beaucoup d'autres dons et ils sont tous importants. Certains de ces dons énumérés sont : donner avec libéralité, présider avec zèle, pratiquer la miséricorde avec joie, la charité (Romains 12.6-8), l'interprétation, une parole de sagesse, une parole de connaissance, la foi, le don des guérisons, le don d'opérer des miracles, la prophétie, le discernement des esprits, la diversié des langues, l'interprétation des langues (1 Corinthiens 12.7-121) et l'hospitalité (1 Pierre 4.9).

PRÉPARER LE PEUPLE DE DIEU POUR LE FONCTIONNEMENT DU CULTE

Le premier dimanche de Pâques, Jésus apparut aux disciples et dit, La paix soit avec vous! Comme le Père m'a envoyé, moi aussi je vous envoie» (Jean 20.21). Cette importante déclaration indique que nous devons continuer le travail que Jésus a commencé. Cela signifie que Jésus est la tête, et nous sommes ses mains et pieds pour que son travail continue.

Le travail des apôtres, prophètes, évangélistes, pasteurs et enseignants est de préparer le peuple de Dieu pour le fonctionnement du culte. Nous ne venons pas seulement à l'église pour recevoir la bénédiction, mais aussi pour en sortir en étant aussi une bénédiction pour ceux qui sont hors de l'église. L'église doit toujours combattre la tentation de se concentrer intérieurement et faire fonctionner seulement des programmes qui aident les fidèles dans l'église. Nous devons plutôt nous focaliser extérieurement et faire des choses qui vont aider la communauté qui est autour de nous. Quand Jésus a vu la foule, il a eu compassion d'elle. Comme l'Église est le corps de Christ nous devons aussi avoir compassion des pauvres, des meurtris et des gens qui souffrent autour de nous.

Ces dons pouvaient se décrire comme des instruments spirituels que nous pouvons utiliser pour servir les autres. Personne n'a le jeu complet d'instruments. Nous travaillons donc ensemble en groupe, en utilisant nos différents instruments (dons) pour que nous soyons une bénédiction et un encouragement pour les autres.

CONNAISSEZ VOS DONS

Comment pouvons-nous savoir les dons que nous avons reçus? Comment pouvons-nous pasteurs aider nos fidèles dans l'église à connaître les dons qu'ils ont reçus? C'est important que les gens s'impliquent dans les ministères où ils peuvent utiliser leurs dons spirituels pour aider et bénir les autres. Ceci peut aider les fidèles de votre église à identifier leurs dons.

- *La prière.* Encouragez nos fidèles à prier pour que Dieu leur montre les dons qu'il leur a donnés.

- *Preuves.* Dieu ne cache pas les dons qu'il a donnés. Il faut avoir des preuves que quelqu'un a reçu un don. Posons la question à vos fidèles telle que, «y-a-t-il une activité ou une communauté dans l'Église qui vous attire? avez-vous déjà senti que vous serez fort à faire ceci ou cela?» Les réponses peuvent être un signe de l'orientation de Dieu. Cependant nous devons nous rappeler que les dons spirituels nous sont donnés pour que nous puissions aider les autres. Ils ne nous sont pas donnés pour nous en faire vedette.

- *Expérience.* Encouragez les fidèles à se porter volontairement pour aider dans toute sorte de ministère. Les petits groupes (les groupes cellulaires) sont des excellents endroits où les gens peuvent acquérir de l'expérience sans se tenir devant beaucoup de gens.

- Évaluer vos sentiments. Posez des questions telles que, «comment vous vous êtes sentis après avoir participé à ce genre de ministères?». Souvent les gens disent qu'ils avaient peur et étaient timides. C'est normal. Mais la question suivante serait, «avez-vous eu un sentiment d'accomplissement?». S'il en est ainsi, cela peut être un signe d'un certain don. S'ils se sont senti vraiment mal à l'aise et malheureux. Donc ceci peut indiquer qu'ils n'ont pas le don dans un certain domaine du ministre.

- *Examiner les résultats.* Les dons sont donnés pour aider les autres. Donc la priorité, est de voir si les gens étaient aidés. Si c'est le cas, donc ceci est un signe d'un don spirituel à l'œuvre. Aider les fidèles à voir les résultats de leur ministère. Si quelqu'un témoigne aux autres et peut les aider à venir dans la foi en Christ, donc la personne a, peut-être, le don d'évangélisation. Si quelqu'un prie pour un malade, et la santé de la personne en question s'améliore rapidement, cela peut être le don de guérison qui est à l'œuvre.

- *Attendre la confirmation des autres chrétiens.* Les dons sont distribués pour aider le corps de Christ. Quand quelqu'un se porte volontaire et s'implique dans plusieurs domaines du ministère, ça va l'aide à écouter les confirmations des autres dans l'Église surtout les leaders.

8

LE PASTEUR EN TANT QUE LEADER

Le terme *leader* est emprunté à l'anglais pour parler d'un chef de file ou d'un responsable. Il y a des équivalents en français tels que *dirigeant* et *meneur*, mais leader désigne plus que cela. Il s'agit d'une personne à la tête d'un mouvement ou d'un groupe. Ce n'est pas simplement l'actionnaire d'une entreprise ; ce n'est pas un dirigeant à la tête d'une organisation sociale ; ce ne sont pas des meneurs de manifestants. Sa légitimité réside dans la qualité et le dynamisme de son leadership, c'est-à-dire la relation de confiance qui s'établit entre lui-même et la majorité des membres du groupe ou de la collectivité dans la poursuite d'un objectif partagé. Dans le contexte chrétien, il est à la fois leader et serviteur, et sa motivation et source d'inspiration est de ressembler à Christ.

Les leaders des églises ne sont pas comme des politiciens qui cherchent l'argent, le prestige et le pouvoir. Le leader de l'église est appelé à servir les autres, en fait le leader de l'église doit s'attendre à servir comme Jésus lui-même qui a dit :

Vous savez que ceux qu'on regarde comme les chefs des nations les tyrannisent, et que les grands les dominent. Il n'en est pas de même au milieu de vous.

Mais quiconque veut être grand parmi vous, qu'il soit votre serviteur ; et quiconque veut être le premier parmi vous, qu'il soit l'esclave de tous. Car le Fils de l'homme est venu, non pour être servi, mais pour servir et donner sa vie comme la rançon de plusieurs. (Marc 10.42-45)

Notre devoir est de nous sacrifier pour rendre un service affectueux à ceux qui sont perdus et ceux qui souffrent. Nous devons leur montrer de l'amour et de la compassion. Nous devons être patients envers ceux qui sont faibles et réconforter ceux qui souffrent. L'Église doit être les mains de Jésus qui veut atteindre ceux qui sont dans le besoin. Nous devons diriger les brebis comme Jésus l'a fait.

L'AUTORITÉ DU PASTEUR

Les titres ecclésiastiques sont attribués aux personnes pour indiquer leur poste (chef d'une église : le pasteur Duval) ou bien leur ordination comme ancien ou ancienne (après la cérémonie d'ordination : le révérend Geffrard). Néanmoins, notre autorité ne vient pas des chefs religieux, d'un comité ou d'une réunion de l'église. Cela vient de notre appel par Dieu et de notre attachement à sa parole.

Le pasteur doit avoir un cœur de serviteur et doit aussi parler avec autorité. Le pasteur en tant que leader doit équilibrer entre servir avec humilité et diriger avec autorité. Notre autorité ne vient pas des diplômes mais, pour avoir été appelé par Dieu. Jésus a dit, « Ce n'est pas vous qui m'avez choisi ; mais moi, je vous ai choisis » (Jean 15.16). Jésus a aussi dit, « Tout pouvoir m'a été donné dans le ciel et sur la terre. Allez, faites de toutes les nations des disciples » (Matthieu 28.19).

Les écritures sont aussi une source d'autorité. Nous ne prêchons pas des histoires imaginaires. Nous ne proclamons pas nos propres idées, théories ou de la philosophie humaine. Notre d'autorité est la Parole de Dieu. Nous devons la connaître d'un bout à l'autre et la prêcher franchement.

Paul a dit, « Pour moi, frères, lorsque je suis allé chez vous, ce n'est pas avec une supériorité de langage ou de sagesse que je suis allé vous annoncer le témoignage de Dieu. Car je n'ai pas eu la pensée de savoir parmi vous autre chose que Jésus Christ, et Jésus Christ crucifié » (1 Corinthiens 2.1-2). Il a aussi dit, « toute Écriture est inspirée de Dieu, et utile pour enseigner, pour convaincre, pour corriger, pour instruire dans la justice » (2 Timothée 3.16).

Ces deux sources d'autorité aident le pasteur à parler et diriger avec confiance : un appel personnel d'être pasteur et une compréhension solide des écritures. Si nous concentrons notre cœur et intelligence sur Jésus, cherchons sa gloire, et prêchons sa Parole nous pouvons travailler et parler avec son autorité.

LA VISION DU PASTEUR

L'église locale est à Dieu et le pasteur s'en occupe. Il est important que le pasteur demande à Dieu l'image de ce que l'église ressemblera et sera dans l'avenir. Mais, le mot avenir est trop indéterminé. C'est mieux de demander à Dieu sa volonté pour la prochaine année, ou bien dans cinq ou dix ans. En tant que leader, le pasteur a besoin d'une vision claire sur ce que Dieu veut faire dans l'église.

Dieu a dit à Abraham, « Lève les yeux, et, du lieu où tu es, regarde vers le nord et le midi, vers l'orient et l'occident ; car tout le pays que tu vois, je le donnerai à toi et à ta postérité pour toujours » (Genèse 13.14-15). Même si Abraham n'avait pas encore d'enfants, il a cru qu'un jour Dieu donnera toute cette terre à lui et à ses enfants et ses petits-enfants. La foi et la capacité à voir un avenir potentiel sont étroitement liées. « Or la foi est une ferme assurance des choses qu'on espère, une démonstration de celles qu'on ne voit pas » (Hébreux 11.1). Un bon leader passe son temps dans la prière demandant à Dieu de lui donner une claire vision sur ce qu'il veut faire à travers l'église, et dans la communauté. Le pasteur croit que ce que Dieu a promis, il le réalisera.

PASTEUR EN TANT QUE RESPONSABLE

Un pasteur n'a pas seulement besoin d'une claire vision pour diriger l'église, mais il doit avoir certaines caractéristiques d'un bon responsable. Il doit être organisé dans ses multiples tâches. Le pasteur doit avoir une capacité d'innovation suffisante afin d'optimiser son travail dans le but de donner toujours une grande fluidité dans le traitement des opérations. Un pasteur doit être capable d'encadrer les gens, les fonds et les évènements. Si le pasteur n'est pas doué dans ce domaine, il devra trouver quelqu'un d'autre dans l'église qui pourra le soutenir.

LE PASTEUR EN TANT QUE MODÈLE

Le pasteur est un berger qui s'occupe du peuple de Dieu. Jésus a dit, «Le gardien de l'enclos lui ouvre, les brebis écoutent sa voix. Il appelle par leur nom celles qui lui appartiennent, et il les fait sortir de l'enclos. Quand il a conduit au dehors toutes celles qui sont à lui, il marche à leur tête et les brebis le suivent, parce que sa voix leur est familière» (Jean 10.3-4, BDS). Ces versets montrent d'abord une relation intime entre le berger et les brebis. Le berger connait les brebis et les appellent par leur nom. Les brebis aussi connaissent et font confiance à la voix du berger. Remarquez aussi que le berger passe devant les brebis, et montre un exemple à suivre aux brebis. Pierre a écrit aux dirigeants des églises et dit que le pasteur doit être «le modèle du troupeau» (1 Pierre 5.3)

Le pasteur dirige en étant un modèle pour les fidèles. Paul a écrit à un jeune pasteur, «Que personne ne te méprise pour ton jeune âge, mais efforce-toi d'être un modèle pour les croyants par tes paroles, ta conduite, ton amour, ta foi et ta pureté» (1 Timothée 4.12, BDS). Un modèle nécessite des imitateurs. Paul a écrit, «soyez mes imitateurs, comme je le suis moi-même de Christ» (1 Corinthiens 11.1).

Cette relation entre le modèle et ses imitateurs est clairement vu dans l'église. Si le pasteur est un homme ou une femme de prière, cela ne prendra pas longtemps pour que toute l'assemblée devienne une forte assemblée de prière. Si le pasteur est généreux, ceci se répandra dans l'assemblée, est tout le monde deviendra généreux. Si le pasteur et sa femme vivent un bon mariage, alors l'assemblée comprendra comment un couple doit vivre. Si le pasteur aime les écritures, alors l'assemblée de même va développer l'amour de la parole de dieu.

Un bon leader prêchera par exemple, alors l'église grandira et deviendra un bon témoin de Christ dans la communauté. Un leader pauvre entraînera l'église dans la stagnation, l'inefficacité, à des propos inappropriés et à une probable division.

LES QUALITÉS D'UN BON PASTEUR EN TANT QUE LEADER

Le travail de pasteur est important. C'est un bon travail, et c'est le travail de Dieu. Cependant ce n'est pas facile. L'apôtre Paul nous a donné une liste de qualités d'un bon pasteur dans 1 Timothée 3.2-7. Remarquez que certains d'entre eux décrivent les qualités d'un bon pasteur, pendant que d'autres décrivent ses actions. Un leader fort de l'église a une qualité personnelle qui s'harmonise avec son apparence extérieure.

Un leader de l'église doit ...

- Être sans défaut
- Avoir qu'une seule femme (ou épouse)
- Être sérieux
- Être maître de soi
- Être organisé
- Accueillir les étrangers dans sa maison
- Être capable d'enseigner
- Ne pas être ivrogne
- Ne pas être un homme violent
- Être doux
- Être calme
- Ne pas aimer l'argent
- Être capable de bien entretenir sa famille
- Se faire respecter par ses enfants
- Être mûr dans la foi
- Être respecté par les gens en dehors de l'église

Ce sont là des grandes qualités. Qui aura des qualités requises pour atteindre ce niveau ? Beaucoup de politiciens et des chefs d'entreprises n'arrivent jamais à ce niveau. Il est possible que quelqu'un qui est appelé au ministère lise cette liste et s'inquiète ou devienent désireux. Toutefois, ne vous découragez pas. Nous ne devenons pas leader idéal dans un instant. Nous n'atteignons pas ce niveau de leadership par nos propres efforts, mais en permettant à Dieu de nous transformer. Cela peut prendre du temps.

Jacques 1.5 dit, « Si l'un de vous manque de sagesse, qu'il la demande à Dieu qui la lui donnera, car il donne à tous généreusement et sans faire de reproche » (BDS). Ceci est un bon conseil pour beaucoup de choses que nous manquons. Quelqu'un parmi vous manque de la maîtrise de soi ? Priez à Dieu de vous la donner ! Y-a-il parmi vous ceux qui sont sujets à la colère et à la violence ? Priez à Dieu qu'il vous en libère ! Rappelez-vous de ce que Paul a dit aux croyants à Philippe, « j'en suis fermement persuadé : celui qui a commencé en vous sa bonne œuvre la poursuivra jusqu'à son achèvement au jour de Jésus-Christ » (Philippiens 1.6).

Discipline

Le pasteur doit être discipliné et doit avoir la maîtrise de soi. Il ne travaille pas dans un bureau ou une usine où les superviseurs surveillent pour s'assurer que le travail est fait convenablement. Le pasteur n'est pas souvent supervisé. Il fait de l'autodiscipline pour utiliser son temps comme il se doit. Si le pasteur ne s'organise pas bien, il perdra beaucoup de temps. Ceci est plus facilement remarqué dans la préparation de la prédication. Un dimanche revient chaque sept jours, et un pasteur doit se discipliner pour le préparer. Sans préparation, vous verrez que le samedi soir est vite arrivé, et vous ne serez pas prêt pour le matin.

Ceci est aussi vrai pour d'autres domaines. Un pasteur doit mettre de côté un temps pour visiter les gens et les aider avec leurs problèmes. Cela demande de la discipline pour organiser efficacement les activités de l'église.

Courage

Le travail de pasteur n'est pas facile. Parfois il nous faut parler aux gens à propos des habitudes et des comportements qui ne sont pas justes, et exigent d'être changés. Nous apportons souvent le message d'encouragement, mais parfois il faut apporter un message de réprimande et d'avertissement. Ce n'est pas facile d'apporter un tel message. Toutefois nous devons avoir du courage et être audacieux et parler avec amour du message que, Dieu veut que nous donnions. Paul a dit, « Dieu ne nous a pas donné un esprit de timidité, mais … de maîtrise de soi » (2 Timothée 1.7).

Humilité

Beaucoup de gens dans ce monde courent derrière la renommée et des grandes fonctions. Ils veulent être remarqués et ils veulent avoir l'assentiment des gens. Dans d'autres coins du monde, les gens veulent être pasteurs par ce que le pasteur est une personne hautement respectée dans la communauté. Cependant le Seigneur nous a montré un modèle différent. Notre comportement doit être le même que celui de Jésus (Philippiens 2.5). Jésus a quitté le trône et la gloire des cieux pour être né comme un bébé, dans une petite ville et dans une pauvre maison. Il s'est identifié aux pauvres et aux sans-abris. Il a même pris le rôle d'un serviteur en lavant les pieds de ses disciples. Jésus a dit à ses disciples, « Si donc je vous ai lavé les pieds, moi, le Seigneur et le Maître, vous devez aussi vous laver les pieds les uns aux autres ; car je vous ai donné un exemple, afin que vous fassiez comme je vous ai fait » (Jean 13.14-15).

Jean Baptiste a parlé à propos de Jésus, « il faut qu'il croisse, et que je diminue » (Jean 3.30). Aujourd'hui les pasteurs doivent avoir la même attitude. Notre but est d'exalter Jésus, et de l'élever comme l'espoir du monde. Cela signifie que nous devons nous humilier et nous effacer pour que les gens voient l'image de Jésus en nous.

Probité

Un pasteur en tant que leader doit être sans défaut. Il doit être respecté par les gens en dehors de l'église (1 Timothée 3.2, 7). Les pasteurs doivent être dignes de confiance et être connus comme des gens qui tiennent parole. Plusieurs fois beaucoup de gens ont perdu confiance en un pasteur qui a promis de faire quelque chose, et ne l'a pas fait. Nous devons être prudent sur ce que nous disons, et ne pas gonfler la vérité ou les commérages. Un pasteur ne doit pas partager avec d'autres personnes ce qu'on lui a dit en secret. Un pasteur doit être aussi entièrement digne de confiance sur les finances. Si les gens perdent confiance en un pasteur, alors le ministère de ce pasteur est fini. Comme Paul nous dit, l'entière réputation du pasteur à l'église et dans la communauté doit être sans défaut.

Humour

Dieu nous a donné un sens de l'humour et la capacité de rire. Parfois si les choses sont tendues, le talent d'aider les gens à rire et de voir le côté amusant de la situation, peut être très utile. Toutefois nous ne devons pas nous moquer, ridiculiser, ou ennuyer les autres.

Patience

Le pasteur doit apprendre à être patient. Paul, en Galates 5.22, l'énumère comme une partie du fruit de l'esprit. Le travail de prendre soin des brebis est souvent semblable au travail du jardinier. Nous plantons la graine et l'arrosons, mais il nous faut de la patience pour la voir grandir et porter des fruits. Cela prend du temps pour que le fruit se développe et mûrisse. Le jardin doit être désherbé et fertilisé. Tout ceci prend du temps. Nous devons donc être patients quand nous travaillons avec les gens et prenons soin d'eux. Nous devons réaliser que certaines habitudes et comportements peuvent changer rapidement, mais d'autres prennent beaucoup de temps.

Quand un pasteur vient à l'église, il, ou elle, doit être patient, par ce que cela peut prendre des mois, ou peut-être des années pour gagner la confiance des gens. Cela peut prendre aux fidèles beaucoup de temps pour partager avec le pasteur les problèmes et les difficultés qu'ils affrontent dans leur vie.

Serviteur

Le pasteur doit toujours se souvenir que Jésus est la tête de l'Église. Pierre s'est référé à Jésus comme le bon berger (1 Pierre 5.4). Jésus nous a choisis et mandatés pour travailler en son compte. Un jour nous nous tiendrons devant Jésus et rendrons compte de tout ce que nous avons dit et fait.

Le pasteur est appelé au leadership et au service des autres. Le pasteur n'est pas le patron de l'église, qui commande les gens et contrôle tout ce qui se passe. Pierre a écrit aux leaders des églises et leur a dit de ne pas être dominants, mais d'être les modèles du troupeau (1 Pierre 5.3).

Le leader de l'église ne cherche pas le pouvoir et le prestige car l'Église existe pour apporter la gloire à Dieu. Le leader pieux de l'église désire qu'elle grandisse dans la piété, en nombre et dans un ministère efficace dans la communauté, pour que Dieu soit glorifié quand cela arrivera.

9

LE PASTEUR ET L'ONCTION DIVINE

L'esprit du Seigneur est sur moi, par ce qu'il m'a oint pour annoncer une bonne nouvelle aux pauvres : il m'a envoyé pour guérir ceux qui ont le cœur brisé. (Luc 4.18)

L'onction est un mot très religieux. Dans d'autres langues ce mot n'existe même pas, donc c'est souvent difficile de traduire les versets comme Luc 4.18 où Jésus dit qu'il était oint pour prêcher. L'onction est parfois utilisée pour décrire une partie de cérémonie où un liquide, d'habitude de l'huile, est répandu ou s'applique légèrement sur la tête de quelqu'un. Ceci symbolise la présence de Dieu qui pénètre dans sa vie. Mais l'onction est aussi utilisée pour décrire une réalité spirituelle qui ne nécessite pas l'huile physique. Elle parle plutôt de la présence de Dieu dans la vie de quelqu'un, et son approbation et autorisation à sa tâche ou mission.

LE MINISTERE DE JESUS

Jésus n'a pas commencé son ministère sans l'onction. Jean a baptisé Jésus et quand Jésus priait, l'Esprit était descendu sur lui comme une colombe. Voilà, il a commencé son ministère avec l'onction du Saint-Esprit.

Jésus est parti dans le désert, là où il jeûna, pria et se prépara pour son ministère. À la fin du quarantième jour, il se sentit très faible physiquement. Satan vint le tenter. Jésus s'est fié à la parole de Dieu. Dans son plus jeune âge, Jésus avait mémorisé les écritures et les a utilisées pour vaincre toutes ces tentations. Jésus sortit du désert et des tentations «dans la puissance du Saint-Esprit» (Luc 4.14).

Jésus alla à la synagogue (la maison d'adoration des Juifs), et ils lui firent demander de lire les écritures. Il ouvrit le rouleau d'Ésaïe 61 et lit les deux premiers versets : «L'esprit du Seigneur, l'Éternel, est sur moi, car l'Éternel m'a oint pour porter des bonnes nouvelles aux malheureux.» Trois choses importantes sont remarquables dans ces versets.

1) Jésus était rempli du Saint-Esprit avant de commencer son ministère

2) Il a vaincu la tentation avec la puissance du Saint-Esprit.

3) Il a commencé son ministère avec la puissance du Saint-Esprit.

Jésus a continué son ministère dans la puissance du Saint-Esprit. Quand certains leaders juifs ont dit que Jésus chasse les démons par la puissance du diable, Jésus répondit, «Mais, si c'est par l'Esprit de Dieu que je chasse les démons, le royaume de Dieu est donc venu vers vous» (Matthieu 12.28). Ses miracles et ses enseignements étaient tous fait par la puissance du Saint-Esprit.

JÉSUS PROMET LE SAINT-ESPRIT

Juste avant sa mort, Jésus dit à ses disciples qu'il allait les quitter. Ils étaient inquiets. Il leur promet, «Je prierai le Père, et il vous donnera un autre consolateur, afin qu'il demeure éternellement avec vous, l'Esprit de vérité...» (Jean 14.16-17).

Après la résurrection de Jésus des morts, il a ordonné aux disciples d'attendre le Saint-Esprit. «Vous recevrez une puissance, le Saint-Esprit survenant sur vous, et vous serez mes témoins à Jérusalem, dans toute la Judée, dans la Samarie, et jusqu'aux extrémités de la terre» (Actes 1.8). Jésus fit son ministère par la puissance du Saint-Esprit, et il savait que c'était indispensable que ses disciples soient remplis du Saint-Esprit avant de commencer leur ministère. Ils n'étaient pas encore prêts pour le service. Même si ces hommes étaient avec Jésus pendant trois ans, avec tous les miracles qu'ils ont vus et tous ses enseignements qu'ils ont entendus, ils avaient besoin de l'onction du Saint-

Esprit pour commencer le travail de la construction de l'Église de Jésus. Le Saint-Esprit était très important dans la vie et le ministère de Jésus, et il est aussi important dans nos vies et ministère.

Au jour de la Pentecôte le Saint-Esprit est descendu sur les apôtres et les autres croyants, hommes et femmes. Il est descendu comme un feu symbolisant le feu d'épuration de Dieu. Ce feu n'a pas seulement nettoyé leurs cœurs de l'égocentrisme et de l'obstination, mais il les a aussi remplis avec un amour brulant de Dieu. Le Saint-Esprit est venu comme un vent violent symbolisant le souffle de vie de Dieu, et ce jour-là une petite Église était née. Le Saint-Esprit est venu avec un bruit de beaucoup de langues symbolisant que l'Évangile de Jésus Christ n'était pas seulement pour les Juifs, mais pour les gens de toute nationalité. Les gens de toutes tribus et langues peuvent être citoyens du royaume des cieux.

Le Saint-Esprit leur a donné du courage et la confiance. Il a oint leurs messages pour que des milliers de gens réalisent leur besoin de se repentir et de croire en Christ. L'Église était née et plus de trois milles personnes crurent en Christ en ce premier jour.

Aujourd'hui les gens veulent encore écouter un prédicateur qui a l'onction du Saint-Esprit. Ils ne veulent pas écouter la sagesse humaine, les idées d'une personne ou encore son tout dernier rêve ou sa vision. Ils veulent écouter Dieu et écouter un pasteur qui se tient à la chaire avec l'onction de Dieu.

LE SAINT-ESPRIT AUJOURD'HUI

Après la Pentecôte, le Saint-Esprit commença à travailler dans, et à travers la vie des disciples pour bâtir l'Église de Jésus. Ce travail continue encore aujourd'hui, et maintenant le Saint-Esprit agit aussi efficacement qu'il agissait avant.

Le Saint-Esprit est constamment à l'œuvre

Jésus dit à Nicodème, «Vraiment, je te l'assure : à moins de renaitre d'en haut, personne ne peut voir le royaume de Dieu» (Jean 3.3, BDS). Jésus ne parlait pas de la naissance physique mais de la naissance spirituelle. L'une de plus importantes responsabilités du pasteur est d'aider les gens à expérimenter la nouvelle naissance. Mais si le pasteur lui-même n'a pas expérimenté cette nouvelle naissance, comment peut-il aider les autres à naitre de nouveau ?

Jésus a décrit certains leaders religieux de cette façon : « Ce sont des aveugles qui conduisent d'autres aveugles ! Or, si un aveugle en conduit un autre, ils tomberont tous deux dans le fossé » (Matthieu 15.14, BDS). Nous serions tous aveugles et perdus si ce n'était pas pour les conseils affectueux du Saint-Esprit.

Presque trois cents ans passés, John Wesley était un jeune pasteur en Angleterre. Son père était pasteur et John a grandi dans l'Église. Il est allé à l'Université d'Oxford pour suivre aussi des cours pastoraux. Il connaissait bien la Bible. Il a appris l'hébreu, le grec et le latin aussi bien que le français et l'allemand. Il a lu des livres écrits par des grands prédicateurs et spécialistes célèbres. Il a essayé de son mieux pour vivre une vie chrétienne. Il était très discipliné dans son assistance à l'Église, lecture biblique, et prière. Il était ordonné comme ministre de Dieu, mais il n'avait pas une vraie paix dans son cœur.

Une fois il voguait sur un bateau, et une forte tempête le frappa. Les vagues percutèrent le bateau. Wesley eut peur et pensa qu'il allait se noyer. Il a vu d'autres chrétiens sur le même bateau qui étaient calmes et sans crainte. Il se demanda, « Qu'est-ce qu'ils ont que moi je n'ai pas ? pourquoi ont-ils la paix et moi je n'en ai pas ? pourquoi n'ont-ils pas peur de mourir ? » Même si Wesley grandit dans l'Église et fut un pasteur ordonné, il n'était pas sûr de son salut. Il a essayé de gagner son salut par son propre travail et ses bonnes actions. Mais dans son cœur, il savait que ceci n'était pas ce que Dieu voulait.

Quelques mois plus tard, il est parti dans un culte et entendu attentivement une personne lire un livre écrit par Martin Luther. En écoutant, il s'est rendu compte que le salut vient par la foi. Il dit plus tard, « J'ai senti mon cœur réchauffé curieusement. J'ai senti que j'ai fait confiance en Christ, Christ seul, pour le salut. » Ceci a apporté un grand changement dans la vie de Wesley. Dieu l'a utilisé pour apporter un grand réveil en Angleterre. Il était devenu le fondateur de mouvement méthodiste qui s'est depuis lors répandu à travers le monde.

Cela a pris John Wesley beaucoup d'années pour comprendre le salut, même après qu'il soit ordonné ministre de Dieu. Le salut n'est pas compliqué. Quatre étapes simples.

Première étape : Admettons nos péchés

La Bible est très claire, «Tous ont péché et son privés de la gloire de Dieu» (Romains 3.23). Au lieu d'obéir à Dieu, nous suivons nos propres désirs. Nous sommes comme des brebis perdues, chacun suit sa propre voie (Ésaïe 53.6).

Deuxième étape : Croyons que Jésus est venu pour nous sauver

Nous ne pouvons pas nous sauver nous-mêmes, mais Jésus est venu pour nous sauver. «Car le salaire du péché, c'est la mort ; mais le don gratuit de Dieu, c'est la vie éternelle en Jésus Christ notre Seigneur» (Romain 6.23).

Nous devons croire que Jésus est mort pour nous. «À la louange de la gloire de sa grâce qu'il nous a accordée en son bien aimé. En lui nous avons la rédemption par son sang, la réémission des péchés, selon la richesse de sa grâce, que Dieu a répandue abondamment sur nous par toute espèce de sagesse et d'intelligence!» (Éphésiens 1.6-8).

Troisième étape : Confessons et délaissons nos péchés

Dieu nous a sauvés par la mort et la résurrection de Jésus. Nous devons délaisser nos péchés et accepter le don de salut de Dieu. «Si nous confessons nos pêchés, il est fidèle et juste pour nous les pardonner, et pour nous purifier de toute iniquité» (1 Jean 1.9). La Bible dit aussi, «celui qui cache ses transgressions ne prospère point, mais celui qui les avoue et les délaisse obtient miséricorde» (Proverbe 28.13).

Quatrième étape • Déclarons notre foi en Jésus Christ

Si nous croyons que Jésus est notre sauveur nous devons le dire aux autres. Ceci ne nous aide pas seulement à affirmer notre foi mais aussi à aider les autres à croire en Jésus. «En effet, si de ta bouche, tu déclares que Jésus est Seigneur et si dans ton cœur, tu crois que Dieu l'a ressuscité des morts, tu seras sauvé, car celui qui croit dans son cœur, Dieu le déclare juste ; celui qui affirme de sa bouche, Dieu le sauve.» (Romains 10.9-10, BDS).

Dieu, le Saint-Esprit, œuvre ce merveilleux salut dans nos vies, en nous transformant et nous renouvelant. «C'est là ce que vous étiez, quelques-uns de vous. Mais vous avez été lavés, mais vous avez été sanctifiés, mais vous avez

été justifiés au nom du Seigneur Jésus Christ, et par l'Esprit de notre Dieu »
(1 Corinthiens 6.11).

Un pasteur doit connaître la joie du salut. C'est probable que quelqu'un
vous demande de raconter votre histoire personnelle du salut. Si possible,
prenez le temps d'écrire soigneusement votre témoignage et garder cela dans
la Bible pour que vous soyez prêt à la raconter. Cela vous aidera aussi à vous
rappeler de la bonté de Dieu pour vous. Si vous, comme Wesley, êtes incertain
de votre propre salut, peut-être Dieu est en train d'utiliser ce livre comme un
moyen de vous attirer définitivement vers lui. Voulez-vous passer par les quatre étapes : admettre, croire, confesser, et déclarer ?

4ÈME ÉTAPE • DÉCLARONS NOTRE FOI EN JÉSUS CHRIST

3ÈME ÉTAPE • CONFESSONS ET DÉLAISSONS NOS PÉCHÉS

2ÈME ÉTAPE • CROYONS QUE JÉSUS EST VENU POUR NOUS SAUVER

1ÈRE ÉTAPE • ADMETTONS NOS PÉCHÉS

En tant que pasteur vous aurez une merveilleuse opportunité d'assister les
gens à trouver le salut de Dieu. Ce processus est souvent rapide, quelqu'un
croit et dévient chrétien le soir même. Parfois ce processus est plus progressif
où quelqu'un commence par admettre ses besoins et à croire en la promesse
du salut de Christ. Vous pouvez les aider à confesser leur péchés, même s'ils
sont gênés de le faire. Ils ne sont pas obligés de vous raconter tous leurs péchés
; ils les doivent confesser à Dieu. Ensuite, en tant que pasteur, aidez-les à
trouver une façon de déclarer leur nouvelle foi. Donnez peut-être une occasion pendant le culte à l'église de dire ce qui s'est passé.

Le Saint-Esprit est notre aide

Dieu non seulement il nous sauve du péché, mais il nous donne aussi le
Saint-Esprit pour nous affermir, pour que nous vivions une vie pieuse. Avant

de croire, nous étions complètement sous le contrôle des ténèbres et du péché. Nous étions sans espérance et sans Dieu dans le monde (Éphésiens 2.12). Heureusement, Dieu ne nous a pas laissé comme cela. Comme croyants, nous nous découvrons maintenant en vie en Christ par la puissance du Saint-Esprit. Nous sommes capables de vivre une vie sainte parce que le Saint-Esprit est en nous et nous guide. Paul nous a encouragés par ces mots, « Si nous vivons par l'esprit, marchons aussi selon l'esprit » (Galates 5.25).

Le Saint-Esprit est notre enseignant

Les disciples s'inquiétaient sur ce qui se passerait après le départ de Jésus. Jésus les a encouragés. « Mais le consolateur, l'Esprit Saint que le père enverra en mon nom, vous enseignera toutes choses, et vous rappellera tout ce que je vous ai dit » (Jean 14.26). Ceci est une merveilleuse promesse. Nous avons l'enseignant le plus excellent du monde qui nous aide. Il est disponible vingt-quatre heures par jour, sept jours par semaine.

Le Saint-Esprit a inspiré et conduit ceux qui ont écrit les écritures. Maintenant le même Saint-Esprit nous aide à lire et à les comprendre. Quand nous lisons la Bible et nous trouvons des versets qui ne sont pas clairs ou difficiles à comprendre, prions et demandons au Saint-Esprit de nous enseigner et nous aider à comprendre (1 Jean 2.27).

Quand nous rencontrons des difficultés dans l'église, et que nous ne soyons pas sûrs de ce qu'il faut faire, prions et demandons au Saint-Esprit de nous aider. Il nous aidera à trouver la bonne façon de résoudre le problème. Quand nous préparons la prédication, le Saint-Esprit nous aidera à comprendre la parole de Dieu et aussi à la préparer pour nos fidèles.

Le Saint-Esprit nous autorise à témoigner

Jésus a promis à ses disciples que le Saint-Esprit leur donnera la puissance de parler pour lui. « Vous recevrez une puissance, le Saint-Esprit survenant sur vous, et vous serez mes témoins à Jérusalem, dans toute la Judée, dans la Samarie, et jusqu'aux extrémités de la terre » (Actes 1.8). Quelques jours plus tard, le Saint-Esprit est descendu sur les disciples et ils sont devenus audacieux. Pierre a prêché un message puissant à une grande foule. Trois milles personnes crurent à ce message et ils étaient baptisés.

Pierre n'était pas toujours si audacieux. Quand les soldats ont arrêté Jésus dans le jardin de Gethsémani les disciples l'ont abandonné et pris fuite. La même nuit Pierre renia d'avoir connu Jésus. Toutefois quand le Saint-Esprit est descendu le jour de la Pentecôte, ils ont reçu la puissance d'être des témoins courageux. Quand ils étaient arrêtés et amenés devant le souverain sacrificateur et les chefs du peuple, ils n'avaient pas peur. Parce qu'ils étaient remplis du Saint-Esprit, ils ont dit, « Jugez-en vous-mêmes : est-il juste devant Dieu de vous obéir, plutôt qu'à Dieu ? Quant à nous, nous ne pouvons pas garder le silence sur ce que nous avons vu et entendu » (Actes 4.19-20, BDS).

Etienne était un homme rempli du Saint-Esprit. Il était un puissant orateur. Certaines personnes ont essayé de se disputer et de discuter avec lui, mais ils ne pouvaient résister à sa sagesse et à l'esprit par lequel il parlait (Actes 6.10).

Nous voulons une onction fraîche venant de Dieu chaque fois que nous prêchons. L'onction de la semaine passée ne vaut pas pour la semaine prochaine. Nous devons continuellement compter sur la puissance de Dieu, et prier pour l'onction de l'esprit de Dieu.

Le Saint-Esprit nous aide à vaincre la tentation

Jésus a vaincu le tentateur par la parole de Dieu et la puissance du Saint-Esprit. Le Saint-Esprit est notre consolateur (Jean 15.26). Il nous donne la force de vaincre la tentation. Paul a prié pour les Éphésiens,

> *C'est pourquoi je me mets à genoux devant le Père. ... Je lui demande qu'il vous accorde ... d'être fortifiés avec puissance par son Esprit dans votre être intérieur. Que le Christ habite dans votre cœur par la foi. Enracinés et solidement fondés dans l'amour, vous serez ainsi à même de comprendre ... combien l'amour du Christ est large, long, élevé et profond.* (Éphésiens 3.14-18, BDS)

Un arbre des profondes racines ne sera pas emporté par une forte tempête. Un chrétien qui est rempli du Saint-Esprit peut rester fort devant les tempêtes de tentations et de persécution et ne pas tomber.

Le Saint-Esprit nous remplit de l'amour de Dieu

Jésus a aimé les gens. Les foules de gens sont venues vers lui. Beaucoup étaient malades, inquiets et solitaires. Jésus ne les a pas refusés. «Voyant la foule, il fut ému de compassion pour elle, parce qu'elle était languissante et abattue, comme des brebis qui n'ont point de berger» (Matthieu 9.36).

Nous sommes les élus de Christ. Il nous a envoyés pour continuer le travail qu'il a commencé. Dieu veut aussi que nous aimions vraiment les gens. Un pasteur doit être gentil, compatissant, serviable, tendre, et patient, raison pour laquelle nous avons besoin du Saint-Esprit. Il n'y a que le Saint-Esprit qui peut nettoyer nos cœurs de l'égocentrisme, et nous remplir de l'amour de Dieu.

«L'espérance ne risque pas d'être déçue, car Dieu a versé son amour dans nos cœurs par l'Esprit Saint qu'il nous a donné» (Romains 5.5, BDS). Le Saint-Esprit peut nettoyer nos cœurs du péché et de l'égocentrisme. Il peut nous remplir de fruit merveilleux. «Mais le fruit de l'esprit, c'est l'amour, la joie, la paix, la patience, la bonté, la bénignité, la fidélité, la douceur, la tempérance» (Galates 5.22).

Nous devons être remplis du Saint-Esprit

Les chrétiens reçoivent le Saint-Esprit au moment de la nouvelle naissance. «En lui vous aussi, après avoir entendu la parole de la vérité, l'Évangile de votre salut, en lui vous avez cru et vous avez été scellés du Saint-Esprit qui avait été promis» (Éphésiens 1.13).

Certains chrétiens vont plus loin dans la vie chrétienne et sont remplis du Saint-Esprit. D'autres chrétiens ne sont pas remplis du Saint-Esprit. Ils se battent continuellement entre leur propres désirs et les désirs du Saint-Esprit. Ils sont irrésolus et inconstants dans leur vie chrétienne (Jacques 1.8). Ils ont abandonné beaucoup de péchés qu'ils commettaient avant, mais ils ont encore des comportements injustes qui attristent Dieu.

N'attristez pas le Saint-Esprit de Dieu car, par cet Esprit, Dieu vous a marqués de son sceau comme sa propriété pour le jour de la délivrance finale. Amertume, irritation, colère, éclats de voix, insultes : faites disparaitre tout cela du milieu de vous, ainsi que toute forme de méchanceté. Soyez bons et compréhensifs les uns envers les autres. Pardonnez-vous réciproquement comme Dieu vous a pardonné en Christ. (Éphésiens 4.30-32, BDS).

Avez-vous de la colère, l'amertume et une attitude impitoyable envers les autres ? Si c'est le cas, le Saint-Esprit est attristé. Pensez à un pot rempli d'eau avec des pierres à l'intérieur. Tu ne peux pas remplir le pot d'eau sans faire sortir d'abord les pierres de l'intérieur. Le Saint-Esprit est d'amour. L'amour ne peut pas habiter ensemble avec l'amertume, la colère, la haine et le ressentiment. Nous devons confesser ces attitudes injustes, et demander à Dieu de nettoyer nos cœurs et nous remplir de son amour.

Le Saint-Esprit est d'amour et il est amour. Il nous faut l'amour pour Dieu et l'amour pour les autres. Mais beaucoup de gens aiment les choses (au lieu de Dieu) ou le plaisir (au lieu des autres). Plus que toute autre chose, ils aiment se faire plaisir. Nous ne pouvons pas être remplis du Saint-Esprit, si nos cœurs sont remplis de l'amour de nous-mêmes. Écoutez :

N'aimez pas le monde ni rien de ce qui fait partie de ce monde. Si quelqu'un aime le monde, l'amour pour le Père n'est pas en lui. En effet, tout ce qui fait partie du monde : les mauvais désirs qui animent l'homme livré à lui-même, la soif de posséder ce qui attire les regards, et l'orgueil qu'inspirent les biens matériels, tout cela ne vient pas du Père, mais du monde. Or le monde passe avec tous ses attraits, mais celui qui accomplit la volonté de Dieu demeure éternellement. (1 Jean 2.15-17, BDS)

Nos cœurs ne peuvent pas être remplis du Saint-Esprit s'ils sont remplis d'orgueil et de désires matériels. Nous devons abandonner tous ces désires à Dieu. Nous devons nous donner à Dieu comme des sacrifices vivants, pour que nous ne suivions plus nos propres désires mais faisions sa volonté (Romains 12.1).

Jésus a dit, «Heureux ceux qui ont faim et soif de la justice, car ils seront rassasiés !» (Matthieu 5.6). Il a aussi dit, «Si quelqu'un a soif, qu'il vienne à moi, et qu'il boive. Celui qui croit en moi, des fleuves d'eau vive couleront de son sein» (Jean 7 :27-38).

Avez-vous soif de l'Esprit de Dieu ? Voulez-vous qu'il vous remplisse et déborde dans votre vie ? Désirez-vous plaire à Dieu dans tout ce que vous faites ? Serez-vous obéissant à tout ce qu'il vous demandera de faire ? L'aimez-vous plus que tout autre chose ? Alors demandez-lui de vous remplir de son Saint-Esprit. « Si donc, méchants comme vous l'êtes, vous savez donner de bonnes choses à vos enfants, à combien plus forte raison le Père céleste donnera-t-il le Saint-Esprit à ceux qui le lui demandent » (Luc 11.13).

10

DIRIGER LE CULTE

Le dimanche est le jour le plus important de la semaine pour un pasteur. Chaque dimanche les gens quittent leur travail normal et viennent adorer Dieu et être en communion les uns avec les autres. Dieu est amour et les relations d'amitié sont très importantes pour Dieu. Les pasteurs doivent programmer le culte de dimanche pour que les gens puissent exprimer leur amour pour Dieu, et qu'ils puissent expérimenter l'amour de Dieu pour eux. C'est le moment de louer Dieu, de le remercier, et d'exprimer nos louanges à Dieu à travers des cantiques et des témoignages. C'est aussi le moment de se réunir comme une famille chrétienne, et d'écouter la parole de Dieu pour que nous soyons affermis.

Dans le Nouveau Testament Dieu a ordonné aux Israelites de travailler pendant six jours et de réserver le septième jour comme un jour spécial de se libérer du travail pour adorer Dieu (Exode 20.8-11). Ce jour spécial de repos était appelé le sabbat (ce qui signifiait « repos »). Mais, le septième jour dans le calendrier est le samedi. Pourquoi alors les chrétiens adorent Dieu le premier jour de la semaine, le dimanche ? C'est parce que nous célébrons le fait que Jésus était ressuscité des morts le premier jour de la semaine. Il a rencontré les disciples ce même jour. Sept semaines plus tard, le Saint-Esprit est descendu le premier jour de la semaine, et l'Église de Jésus Christ a pris naissance.

Donc, dans chaque septième jour, le dimanche, nous mettons de côté les routines normales de la vie, et nous nous réunissons comme Église pendant le repos, pour adorer en communauté.

Quand les gens viennent à l'église ils cherchent quatre choses.

1. **Musique tonique et adoration exaltante.** Les gens veulent adorer et célébrer la bonté et le salut de Dieu. Dieu le Père, Fils, et Saint-Esprit, doit être le centre de notre adoration. Nous faisons tout de la manière qui apporte la gloire à Dieu, et non au prédicateur, le conducteur de l'adoration, ou quelqu'un d'autre.

2. **Une bonne prédication.** Les gens veulent écouter Dieu. Ils viennent avec des besoins, blessures, douleurs, inquiétudes et peur. Ils cherchent l'assistance, la force, et la direction divine. Certains veulent qu'on leur rappelle l'amour et la protection de Dieu. Les autres voudront être repris et rappelés de la façon dont Dieu s'attend de leur conduite. Certains voudront savoir plus sur ce qu'est la vie chrétienne. Ils veulent un prédicateur qui a passé le temps en prière dans la présence de Dieu, un prédicateur qui étudie la Bible, celui qui vient avec une parole fraîche de la part de Dieu.

3. **L'amour.** Les gens aiment des églises chaleureuses où ils vivent l'amour de Dieu et où ils sont en communauté avec les autres chrétiens. Ceci est surtout le cas pour les gens qui vivent loin de leur famille. L'Église doit être la famille de Dieu, et exprimer l'amour et la reconnaissance à tous.

4. **Motivation.** Le culte d'adoration doit inspirer et motiver les chrétiens pour montrer l'amour de Dieu aux gens qui sont autour d'eux à travers les paroles et les actes de bonté.

C'est important que le pasteur fasse tout son possible pour faire de dimanche un jour merveilleux d'adoration et de croissance spirituelle.

L'ADORATION EN QUATRE DIMENSIONS

Le pasteur non seulement il parle de Dieu aux gens, mais il conduit aussi les gens dans la présence de Dieu. Il les aide aussi à apporter leur prières et demandes à Dieu. Quand les gens viennent à l'église le dimanche, ils viennent avec toutes sortes de besoins. Une mère peut être inquiète à cause d'un enfant

malade. Un homme peut avoir des soucis de trouver du travail. Les gens viennent avec des inquiétudes financières. Peut-être il y a un désaccord dans la
famille, et des paroles de colère étaient échangées. Certaines viennent en se
réjouissant de la victoire et des bénédictions de Dieu pendant que les autres
luttent contre la tentation. C'est un honneur et une grande responsabilité
d'aider ces gens à apporter leurs problèmes, difficultés, joies et chagrin dans
la présence de Dieu tout puissant.

Le pasteur aura des musiciens — peut-être une chorale ou une équipe de
louange, peut-être un leader de la chanson et les autres — qui aideront dans
l'adoration. Toutefois le pasteur est celui qui fait les programmes et se prépare
pour que les gens vivent la présence de Dieu dans le culte.

Un culte est comme un dialogue. C'est une conversation à double sens
entre Dieu et son peuple. Le rôle du pasteur est d'aider les gens à apporter
leurs besoins, rêves, peurs, douleur, joie et louanges à Dieu. Le pasteur aussi
cherche à apporter la parole de Dieu d'encouragement, d'instruction, d'avertissement, de conseils et de réconfort aux gens.

L'adoration est l'amour dans quatre dimensions :

↑   **Dimension 1 —** *De nous vers Dieu*

*Dans la chanson et la prière les gens arrivent près de Dieu et répandent leurs
cœurs devant Dieu.*

↓   **Dimension 2 —** *De Dieu vers nous*

*Les gens entendent la parole de Dieu par la lecture biblique, les cantiques,
les prédications, et vivent son amour, sa consolation et sa force.*

→ ←   **Dimension 3 —** *Situé à l'intérieur*

*Dans le corps de Christ, les gens passent un moment agréable dans la
communauté.*

← →   **Dimension 4 —** *Situe à l'extérieur*

*La vraie adoration nous inspire et nous motive à partager l'amour de Dieu
avec ceux qui sont ne sont pas à l'église pendant la semaine.*

SOYEZ PRÉPARÉ

Les cultes extraordinaires d'adoration n'arrivent pas par hasard. Ce genre de cultes sont le résultat d'une préparation spirituelle et une bonne organisation.

Si nous voulons conduire l'assemblée dans la présence de Dieu, c'est important que nous ayons nous–mêmes passé le temps dans la présence de Dieu. C'est pourquoi Jésus allait souvent passer le temps seul dans la prière (Marc 1.35). Après le jour de Pentecôte, l'Église croissait vite. On réclamait beaucoup les apôtres, mais ils disaient, «Nous, nous continuerons à nous appliquer à la prière et au ministère de la parole» (Actes 6.4). Paul dit aux leaders des églises à Éphèse, «Prenez donc garde à vous-mêmes, et à tout le troupeau sur lequel le Saint-Esprit vous a établis évêques, pour paître l'Église du Seigneur qu'il s'est acquise par son propre sang» (Actes 20.28). Le pasteur doit être responsable de sa propre vie spirituelle. Le pasteur doit passer du temps avec Dieu, pour qu'il vienne au culte le dimanche matin avec une conscience tranquille de la présence de Dieu et de l'onction du Saint-Esprit.

SOYEZ ORGANISÉ

La Bible ne nous montre pas comment organiser un culte. Le modèle du culte varie d'un pays à l'autre. En province les églises sont différentes de celles du centre-ville. Nous utilisons des langues variées et des différentes sortes d'instruments musicaux. Certains cultes durent une heure de temps et d'autres durent deux ou plus.

Ce qui est important est d'avoir la bénédiction de Dieu, donc il est bien de prévoir. Le pasteur doit préparer l'ordre de culte en avance. À côté de chaque étape dans l'ordre du culte, le pasteur écrit le nom de la personne qui s'occupera de cette action. Il donne la copie à tout le monde qui est impliqué dans la direction de culte. Chaque personne faisant partie de la direction du culte doit connaître les cantiques qui seront chantés, qui va prier, et qui fera le reste des choses. Bien sûr que nous voulons toujours être conduits par le Saint-Esprit pour que des changements se fassent si c'est nécessaire.

Un ordre du culte ne doit pas être prétentieux. Voici un exemplaire :

- La première chanson (louange et adoration de Dieu)
- Prière d'ouverture demandant la bénédiction de Dieu sur le culte

- Deuxième cantique
- Troisième cantique
- Prière pastorale apportant les besoins des fidèles devant Dieu
- Annonces des évènements de la semaine
- Quatrième cantique
- Témoignages
- Offrandes
- Prière pour les offrandes
- Cinquième cantique
- Lecture biblique
- La prédication
- Prière de clôture

Ceci est juste un exemple de comment un pasteur organise un culte. La Bible n'a pas donné des instructions précises sur comment conduire une réunion de culte. Dieu nous donne beaucoup de liberté, parce que cela va faire la différence si nous sommes dans un village ou dans une grande ville. La culture des gens aussi influence le culte, aide le pasteur à décider sur le genre de musique qu'il faut jouer, combien de temps le culte va durer, et ainsi de suite.

ENGAGEMENT

La Bible décrit l'Église comme un corps avec beaucoup de parties différentes, et chaque partie a son propre travail à faire. Dans nos cultes nous devons utiliser autant des gens que possible faisant des choses différentes. Certains aident avec la musique, d'autres lisent les écritures, d'autres prennent les offrandes, et d'autres saluent les gens quand ils arrivent à la porte d'entrée. Certaines personnes viennent pendant la semaine pour s'assurer que l'église est en ordre et propre pour le dimanche matin.

C'est une bonne idée de faire participer autant de personnes différentes que possible. C'est aussi important que tout le monde qui y est impliqué sache d'avance ce qui est planifié. Ceux qui servent pendant le culte doivent venir bien préparés. Si nous sommes bien préparés cela peut faire une grande différence pendant le culte

La durée du culte est différente d'un endroit à l'autre. Certaines personnes sont très conscientes de l'heure, alors que les autres vivent par le soleil plutôt que par l'horloge. Ils commencent quand tout le monde est là et ils terminent quand ils veulent. Quand même, c'est important bien que nous soyons constants. Si nous annonçons que le culte commence à dix heures, alors soyons fidèles à notre parole et commençons à l'heure et pas à dix heures et demie.

CHANTS ET MUSIQUE

Les chrétiens aiment chanter. Nous avons reçu le pardon et nous avons une vie abondante maintenant. Nous chantons pour exprimer notre joie et remerciement pour le salut merveilleux et la vie éternelle que Dieu nous a donnés. Nous avons aussi l'espoir de la résurrection à venir. Dieu a promis de pourvoir à nos besoins, et il nous a bénis plusieurs fois. Ce n'est pas étonnant que les cantiques de louange occupent une si grande partie dans l'adoration de chrétien.

Il y a plusieurs sortes d'adoration. Certaines églises utilisent le clavier, pendant que d'autres ont des orchestres ou des groupes d'adoration. Parfois une église peut avoir seulement une personne qui joue de la guitare, et une autre utilise beaucoup de drums. Certaines personnes incluent la danse comme une partie de leur adoration en célébrant les bontés de Dieu. Les gens doivent être capables d'exprimer leurs sentiments librement et avec un sens profond dans les paroles et la musique qui a une signification culturelle pour eux.

TÉMOIGNAGES

Certaines églises donnent l'occasion aux gens de dire comment Dieu les a aidés dans leur vie quotidienne. Psaumes 96.2-3 dit, «Chantez à l'Éternel, bénissez son nom, Annoncez de jour en jour son salut! Racontez parmi les nations sa gloire, parmi tout le peuple ses merveilles!».

C'est bien de proclamer le salut de Dieu et de raconter les exploits merveilleux qu'il a réalisés. Un bon témoignage doit être :

- *À jour.* Si quelqu'un donne le même témoignage chaque semaine, ce témoignage deviendra vieux et ennuyant. L'adoration doit être passionnant, donc nous voulons entendre ce que Dieu a fait dans la vie de quelqu'un la semaine passée. Les gens veulent entendre comment Dieu exauce les prières, guérit les malades, bénit les gens financièrement, ou donne du travail.

- *Court.* Les témoignages ne sont pas des prédications mais de petites histoires de l'œuvre de Dieu dans notre vie quotidienne.

- *Donner gloire à Dieu.* Le témoignage n'est pas le moment d'attirer l'attention sur nous-mêmes, mais de donner gloire à Dieu. J'ai entendu quelqu'un raconter une longue histoire sur toutes les mauvaises choses qu'il a faites, et il semblait se vanter sur tous ses crimes. Cela n'est pas un bon témoignage. Nous devons avoir honte de nous-mêmes, et être reconnaissant de ce que Dieu a fait.

Certaines personnes sont timides, et ils ont besoin d'encouragements pour dire comment Dieu les a bénis et changé leur vie. Le pasteur doit parfois encourager une nouvelle personne pour partager son histoire avec l'assemblée, parce qu'elle ne se portera jamais volontaire. Lui demander de réfléchir sur ce qu'elle devrait dire, serait une bonne idée. Elle peut même l'écrire quelque part, pour qu'elle le dise correctement et qu'elle soit prête le dimanche prochain, à partager avec les autres sur ce que Dieu a fait.

En parlant des bénédictions de Dieu et écoutant d'autres témoignages dans l'église, cela nous donne confiance de partager avec nos amis et voisins nos histoires de la bonté de Dieu.

LA PRIÈRE

La prière est une partie importante dans nos cultes. C'est le moment de louer et remercier Dieu, et de lui adresser nos demandes et préoccupations personnelles.

Beaucoup de gens, la première chose qu'ils préfèrent faire en entrant dans l'église, est de prier. Ils aiment être silencieux, baisser leurs têtes et louer Dieu pour sa bonté. Ils aiment ouvrir leurs cœurs pour entendre sa voix et qu'il leur parle. C'est aussi bien de prier pour l'onction de Dieu sur ceux qui vont conduire le culte.

Il y a beaucoup de sortes de prières.

Prière d'ouverture. Le pasteur ou le conducteur de l'adoration conduit les gens dans l'adoration en exprimant la louange et reconnaissance à Dieu et en demandant l'onction de Dieu sur chaque étape du culte.

Prière d'ensemble. Certaines églises ont un moment de prière où toutes l'assemblée prie à haute voix en même temps. Ceci est bien parce que cela implique une grande participation. Puisque personne d'autre mais, c'est Dieu qui écoute les prières individuelles, tout le monde se sent libre de répandre sa joie, ses chagrins et ses problèmes devant Dieu.

Après que tout le monde ait eu l'opportunité de prier ensemble, c'est bien que l'assemblée reste calme pendant que quelqu'un déjà choisi d'avance conduise l'assemblée dans une prière finale, et apporte leur louange et leurs intercessions à Dieu.

La prière du pasteur. La prière du pasteur est un moment pour le pasteur de représenter toute l'assemblée, et parler à Dieu au nom de l'assemblée.

Il commence par insister sur la grandeur de Dieu, sa bonté, sa puissance et sa majesté. Ceci encourage les fidèles à croire que Dieu se réjouit de répondre aux prières de ses enfants. Le pasteur présente alors les besoins de l'assemblée à Dieu dans la prière. Il prie pour les malades et ceux qui ont des besoins particuliers. C'est bien que le pasteur se rappelle de prier pour les leaders de la communauté et les leaders de la nation, Pour que Dieu leur donne la sagesse et les aide à être droits et honnêtes dans leurs responsabilités. Parfois le pasteur prie pour la pluie pour que la récolte augmente, ou parfois la protection contre l'inondation. Dieu est notre Père céleste, et nous devons nous sentir à l'aise de lui apporter tous soucis, grands ou petits.

Prière pour les offrandes. Ceci est une courte prière de remerciement pour toutes les bénédictions de la santé et la force, le soleil et la pluie, la nourriture et la famille. C'est aussi la prière de dédicace que les enfants de Dieu donnent pour soutenir les besoins financiers de l'Église.

Prière de clôture ou bénédiction. Plusieurs fois le pasteur choisit de clôturer le culte en priant pour la bénédiction de Dieu d'aller avec les gens. La prière de bénédiction est adressée directement au peuple. Même si elle n'est pas adressée à Dieu, c'est toujours une sorte de prière. C'est une prière pour que la bénédiction de Dieu se repose sur les gens. Aron a donné la bénédiction suivante aux enfants d'Israël :

> *Que l'Éternel te bénisse, et qu'il te garde ! Que l'Éternel fasse luire sa face sur toi, et qu'il t'accorde sa grâce ! Que l'Éternel tourne sa face vers toi, et qu'il te donne la paix ! (Nombres 6.24-26)*

Voici une autre bénédiction de deux derniers versets de Jude :

À celui qui peut vous préserver de toute chute et vous faire paraitre devant sa gloire irrépréhensible et dans l'allégresse, à Dieu seul, notre Sauveur, par Jésus Christ notre Seigneur, soient gloire, majesté, force et puissance, dès avant tous les temps, et maintenant, et dans tous les siècles! Amen!

D'autres bénédictions peuvent être utilisées, en incluant Romains 16.20 ; 2 Corinthiens 13.14 ; Éphésiens 3.20 ; Apocalypse 22.21 et Hébreux 13.20-21.

La prière du Seigneur. Certaines églises encouragent les gens à mémoriser la prière du Seigneur (Matthieu 6.9-13). Ceci est une bonne prière à réciter, et c'est un bon exemple pour enseigner aux nouveaux chrétiens comment prier.

OFFRANDES

L'offrande est une partie importante de notre adoration. Psaumes 96 dit tout sur les façons d'adorer Dieu. Il dit en partie, « Rendez à l'Éternel gloire pour son nom! Apportez des offrandes, et entrez dans ses parvis! » (Psaumes 96.8).

L'offrande est une partie importante de notre adoration parce qu'elle démontre notre reconnaissance à Dieu de tout ce qu'il nous a Donné. La vie, la santé, la force, la famille et les amis, sont tous les dons de Dieu. Tout ce que nous possédons, soit notre maison et notre terre, notre talent et instruction, santé et force, soit amis et famille, tout cela vient de notre tendre Père céleste. Il est la source de tout et il nous donne ces bénédictions. Nous sommes ses serviteurs, et nous les utilisons pour sa gloire et nous devons lui en rendre compte.

Comme pasteurs nous devons utiliser une grande sagesse quand il s'agit de l'argent. Dieu bénit ceux qui lui donnent avec joie. Donc, comme pasteurs, nous devons encourager les gens à donner avec joie à Dieu, parce qu'il récompense ceux qui l'aiment et lui font confiance. D'autre part parce que le salaire de pasteur vient des offrandes, Beaucoup de pasteurs ont peur de parler de l'argent au cas où les gens penseront que le pasteur est cupide et qu'il voulait plus d'argent.

En tant que pasteurs, nous ne voulons pas amener les gens à croire que l'argent est la chose la plus importante, mais en même temps nous devons encourager les gens à donner avec joie comme un acte d'adoration. Quand les gens donnent un dixième de leurs revenus au Seigneur, ils sont bénis, et l'église aussi. Mais quand les gens sont égoïstes et peu disposés à donner, l'église se sèche spirituellement.

Les versets suivants sont très utiles pour rappeler aux gens la bénédiction de Dieu sur ceux qui donnent. Mathieu 6.33, 1 Corinthiens 16.1-2 ; 2 Corinthiens 9.6-7 ; Luc 12.32-34 ; Psaumes 96.8 ; Proverbes 3.9-10.

11

LA PRÉDICATION OINTE

Quand Paul a donné la responsabilité pastorale à Timothée, la première tâche citée était «prêche la parole» (2 Timothée 4.2). Le premier travail du pasteur est de proclamer la parole de Dieu à son peuple. Paul dit, «nous faisons donc les fonctions d'ambassadeurs pour Christ, comme si Dieu exhortait par nous ; nous vous en supplions au nom de Christ : soyez réconciliés avec Dieu!» (2 Corinthiens 5.20). Rien n'est plus important, mais qui a droit à une tâche si importante? Nous ne pouvons pas nous tenir devant la chaire pour parler de nos propres idées, nous devons être des messagers de Dieu. Toutes les études supérieures du monde ne nous donnent pas le droit de parler pour Dieu. Seule la personne choisie, guidée et ointe par le Saint-Esprit a le droit de parler de la part de Dieu.

Une prédication efficace exige la présence du Saint-Esprit, parce que la parole de Dieu est «une épée de l'esprit» (Éphésiens 6.7). Sans l'onction du Saint-Esprit, l'épée est émoussée et mal taillée. Notre prédication sera les mots vides. Paul a dit, «notre Évangile ne vous ayant pas été prêché en paroles seulement, mais avec puissance, avec l'Esprit Saint» (1 Thessaloniciens 1.5). Paul dit encore, «ma parole et ma prédication ne reposaient pas sur les discours persuasifs de la sagesse, mais sur une démonstration d'Esprit et de puissance» (1 Corinthiens 2.4).

Pour se préparer à parler de la part de Dieu au peuple de Dieu, il faut suivre un certain nombre d'étapes et chaque étape exige l'onction du Saint-Esprit.

L'INSPIRATION	Le Saint-Esprit a inspiré les gens qui ont écrit les livres bibliques.
L'ÉCLAIRAGE	Le Saint-Esprit éclaire notre intelligence en lisant les écritures.
LA PRÉPARATION	La préparation d'un sermon exige beaucoup de temps du pasteur.
L'APPLICATION	Le sermon rencontre les préoccupations des gens et les aide à résoudre les problèmes
LA COMMUNICATION	Nous devons être créatifs quand nous communiquons le message

L'inspiration

Le Saint-Esprit a inspiré les gens qui ont écrit les livres bibliques. Il n'a pas dicté chaque mot qu'ils ont écrit, mais il a plutôt travaillé dans leurs cœurs et leurs personnalités, pour que les mots qu'ils ont écrits deviennent le message de Dieu dans le langage humain. Les écrivains ont des styles et des personnalités différentes. Par exemple, Luc avait un style d'écriture différente par rapport à Paul. L'Évangile de Matthieu est écrit différemment de l'Évangile de Jean. Le Saint-Esprit était encore derrière chaque auteur pour le guider. «Ce n'est pas par une volonté d'homme qu'une prophétie a jamais été apportée, mais c'est poussés par le Saint-Esprit que des hommes ont parlé de la part de Dieu» (2 Pierre 1.21).

L'éclairage

Le Saint-Esprit qui a inspiré les auteurs des écritures, éclaire aussi notre intelligence en les lisant. Éclairer veut dire diriger la lumière sur quelque chose. Jésus a promis que le Saint-Esprit serait notre enseignant (Jean 14.26), donc nous demandons au Saint-Esprit de rendre les écritures claires et que la compréhension soit aussi claire pour nous. En agissant ainsi, le Saint-Esprit fera que certains versets ou chapitres se fassent remarquer, et leur sens devienne très clair et significatif pour nous. Le Saint-Esprit nous aide à bien comprendre la parole de Dieu et à la mettre en pratique dans notre propre vie, et dans la vie de ceux que nous servons.

La préparation

Les gens comptent sur les pasteurs pour prêcher et expliquer la parole de Dieu. Ainsi, ils peuvent être encouragés, corrigés, et guidés dans leur vie. Ils veulent quitter le culte en se sentant très forts, avec une grande foi et connaissance de Dieu, par rapport à leur arrivée au culte. La préparation d'un sermon exige beaucoup de temps du pasteur. C'est un travail dur qui exige des réflexions profondes. Certains pasteurs n'éprouvent pas le besoin de réfléchir. Ils pensent plutôt que, tout ce qu'ils ont à faire, c'est de prier et parler ensuite de tout ce qui leur passe dans la tête. La prière est une partie plus importante dans ce processus comme nous l'avons dit avant. Toutefois, ce n'est pas la partie importante pour faire de vous un prédicateur efficace. La prière doit aller de pair avec la réflexion. Les deux sont tout aussi importantes. Jésus a dit, « tu aimeras le Seigneur, ton Dieu, de tout ton cœur, de toute ton âme, et de toute ta pensée » (Matthieu 22.37). Dieu nous a donné le Saint-Esprit, il nous a aussi donné la pensée. Nous devons utiliser notre pensée pour étudier et méditer la parole de Dieu. Un bon prédicateur ne prend pas seulement un seul verset et prêcher sur cela. Il est dévoué à la formation continue de la Bible : regardant tout le chapitre, utilisant la concordance pour trouver d'autres versets qui parlent du même sujet, cherchant des précisions sur les versets difficiles, ainsi de suite.

Parfois l'étude d'un verset conduit à une autre étude d'un thème plus vaste dans la Bible. Le pasteur ne connaît pas d'avance ce qui sera trouvé pendant l'étude. Il ou elle voudra apprendre beaucoup plus sur ce qui sera enseigné le dimanche matin. C'est important de se rappeler que le pasteur ne va pas inclure tout cela dans le sermon. La prédication présentera plutôt les plus pertinents passages de bonne qualité, résultant d'une excellente réflexion ; les meilleurs des meilleurs.

Si nous sommes fidèles à l'étude de la parole de Dieu, le Saint-Esprit nous parlera et nous aidera à la comprendre d'un bout à l'autre. Il nous aidera ensuite à préparer un sermon, de ce que nous avons étudié, qui touchera les cœurs de gens.

Pour comprendre le texte des écritures, il faut aussi comprendre le contexte. Le contexte peut être des versets ou des chapitres. Pour le comprendre comme il faut, nous devons nous poser des questions à ce sujet. Les questions fondamentales du contexte commencent avec ces quatre mots importants : qui, quand, quoi, où et pourquoi.

- « **Qui** » - Qui a écrit le passage ? À qui l'a-t-il écrit ?
- « **Quand** » - Quand a-t-il écrit cela ? La réponse peut être une date (tel que 580 av. J.-C.) ou une situation (quand l'auteur était en prison). Qu'est-ce qui se passait en ce moment-là ?
- « **Quel(le)** » - Quelle sorte de style a-t-il emprunté ? Est-ce une poésie ? une prière ? une lettre personnelle ? une histoire ?
- « **Où** » - Où était l'auteur ? Qu'est-ce qui se passait dans sa vie ? Où a eu lieu cet événement?
- « **Pourquoi** » - Pourquoi l'auteur a-t-il écrit ce passage ? Pourquoi l'a-t-il écrit particulièrement de la sorte (par exemple une chanson), pourquoi pas d'une autre manière (une prédication). Était-ce pour encourager les gens ? pour les inspirer ? pour les réprimander ? pour les corriger ? pour honorer la fidélité ?

C'est juste une sélection des questions du contexte que vous devrez poser quand vous étudiez. Si nous prêchons d'un seul verset biblique mais nous le prenons hors du contexte, nous sommes en train de donner aux gens un faux message. Nous ne devinons pas des réponses mais nous les cherchons plutôt. La première ressource ne doit être que la Bible elle-même. Si un passage est difficile à comprendre, utilisez d'autres passages qui sont plus clairs pour vous aider à comprendre. La plupart du temps, les réponses sont trouvées dans des versets ou des chapitres qui sont tout autour du passage. Parfois elles sont trouvées dans d'autres chapitres de la Bible.

Après avoir examiné le texte et le contexte d'un bout à l'autre, nous pourrons toujours avoir encore des questions. S'il en est ainsi, nous allons consulter des commentaires et des dictionnaires bibliques pour nous aider. Nous devons toujours comprendre ce qui se passait au moment où le passage était écrit, pour que nous comprenions ce que l'auteur original voulait dire en écrivant cela.

Être porte-parole de Dieu est une responsabilité énorme, et le pasteur doit avoir une profonde et riche connaissance biblique pour nourrir son troupeau comme il se doit. Plus nous lisons les écritures, mieux nous la comprenons, et plus nous serons des prédicateurs efficaces. Paul a dit que Timothée devait être «un ouvrier qui n'a point à rougir, qui dispense droitement la parole de la vérité» (2 Timothée 2.15).

Certains pasteurs citent un verset au début du sermon, ensuite ils prêchent leur propres idées au lieu de révéler au peuple de Dieu la parole de Dieu. N'oubliez pas, nous pasteurs sommes représentants de Dieu. Notre devoir est de proclamer son message aux gens. Avant de lire un verset et prêcher ensuite un sermon long, pensons que Paul a donné à Timothée ces instructions importantes :

- **Prédication** - Paul a donné la responsabilité au jeune pasteur Timothée de «prêcher la parole» (2 Timothée 4.2).
- **Enseignement** - Il a encore dit à Timothée, «jusqu'à ce que je vienne, applique-toi à la lecture, à l'exhortation, à l'enseignement. (1 Timothée 4.13)
- **Diligence** - « Occupe-toi de ces choses, donne-toi tout entier à elles, afin que tes progrès soient évidents pour tous » (1 Timothée 4.15).

Cela donne l'impression que Paul attendait beaucoup de Timothée, beaucoup plus que lire simplement un verset et prêcher tout ce qui vient à l'esprit.

Un jour nous nous tiendrons devant Dieu et nous voulons que son sourire d'approbation soit sur nous ce jour-là. Nous voulons être des bons ouvriers qui n'ont pas honte de leur travail.

L'application

Le pasteur doit connaître les fidèles de son assemblée. Il doit comprendre leurs espoirs et leur peur, leurs problèmes et leur déception. Il doit savoir où ils se placent spirituellement et quelles sont les difficultés et tentations qu'ils sont en train de vivre. Comme une partie de la préparation hebdomadaire de la prédication de dimanche, il faut apporter les besoins de l'assemblée dans la prière devant Dieu. Pensez aux gens qui constituent votre assemblée. Quels problèmes ont-ils? Quels sont les besoins sociaux dans la communauté? Quels sont les besoins spirituels? Quelles sont les tentations que les jeunes rencontrent? Ceci s'appelle le contexte social de la congrégation. La parole de Dieu doit rencontrer les préoccupations des gens et les aider à résoudre les problèmes auxquels ils sont confrontés chaque jour dans leur vie.

Après avoir étudié les écritures nous devons nous poser la question de savoir, comment ce texte s'applique-t-il dans notre vie aujourd'hui? Il est bon de savoir ce que Dieu a dit à d'autres personnes, des milliers d'années passées. Mais les gens veulent entendre le message de Dieu dans leurs vies aujourd'hui. Aujourd'hui quand les gens viennent à l'église, ils espèrent que le pasteur ait un message de la part de Dieu. Ils cherchent la direction, l'encouragement, et la force pour leurs vies.

Souvenez-vous qu'ici il y a toutes sortes de gens dans l'assemblée chaque semaine. Certains sont intelligents et d'autres sont lents à la compréhension. Certains sont vieux et ont beaucoup d'expériences, peut-être plus que vous. D'autres sont jeunes et n'ont pas encore entendu beaucoup des sermons. Certains sont des nouveaux convertis, et sont avides de nouveaux détails sur la vie chrétienne. Beaucoup ont entendu des centaines (peut-être des milliers) de prédications. Ce n'est pas toujours facile de prêcher un sermon que tout le monde va apprécier. Toutefois vous devez demander de l'aide à Dieu, et lui faire confiance de vous aider.

La communication

Nous devons être créatifs quand nous communiquons le message de Dieu à son peuple. Prêcher la parole de Dieu est l'un des plus ambitieux et gratifiant devoir du pasteur. Dieu est le créateur. Quand il nous a créés à sa propre image, il nous a donné l'esprit de créativité. Il veut que nous utilisions cette créativité dans la communication de l'Évangile. Le cœur du christianisme n'est pas une série de règles, mais, c'est l'histoire de Jésus : sa naissance, la pureté de sa vie, sa mort, sa résurrection et son retour. Nous pouvons utiliser le théâtre, les chansons, les images, les supports visuels aussi bien que les paroles pour communiquer le message.

Quand nous prêchons nous suivons les pas de Jésus. Jésus a raconté beaucoup d'histoires qu'il illustrait par des paroles et des images de la vie quotidienne des gens. Il ne donnait pas souvent des réponses complètes aux questions. Il laissait plutôt aux gens d'y réfléchir et d'y trouver des réponses eux-mêmes. La Bible est en général des histoires. En fait, 75% de la Bible entière est sous forme d'histoire. Nous ne devons pas avoir peur d'utiliser les histoires dans nos prédications, parce qu'elles sont faciles à s'en souvenir.

L'ONCTION DU SAINT-ESPRIT

Quand Jésus a commencé son ministère il a dit, « l'Esprit du Seigneur est sur moi, parce qu'il m'a oint pour annoncer une bonne nouvelle aux pauvres. Il m'a envoyé pour guérir ceux qui ont le cœur brisé » (Luc 4.18). Nous avons aussi besoin de l'onction du Saint-Esprit, et nous avons besoin de l'onction fraîche à chaque fois que nous nous tenons debout pour prêcher. La bénédiction de la semaine passée n'est pas suffisante pour le message du weekend prochain. L'onction vient en passant beaucoup de temps dans la prière. Paul, le grand apôtre et prédicateur de l'Évangile, a demandé aux gens de prier pour lui pour que Dieu l'aide à prêcher. « Priez pour moi, afin qu'il me soit donné, quand j'ouvre la bouche, de faire connaître hardiment et librement le mystère de l'Évangile » (Éphésiens 6.19). Il a encore dit aux Colossiens, « Priez en même temps pour nous, afin que Dieu nous ouvre une porte pour la parole … et de faire connaître la parole comme je dois en parler » (4.4).

Le pasteur doit prier pour que Dieu lui révèle les besoins particuliers de l'assemblée. Parce qu'il doit appliquer le message des écritures dans les vies des fidèles dans l'assemblée. C'est possible de donner une prédication qui soit théologiquement correcte dans tous les détails, mais qui soit toujours monotone et ennuyeuse.

Si le message n'est qu'un discours académique, alors il sera faible et ne pourra pas transformer des vies. Cependant si le pasteur passe son temps à genoux et prie pour les besoins spirituels de l'assemblée, Dieu va éclairer son esprit et mettra un message dans son cœur. C'est la raison pour laquelle un pasteur doit prêcher avec onction.

PROGRAMMER LA PREDICATION DE LA PAROLE

Le pasteur est le porte-parole de Dieu qui proclame le message de Dieu aux hommes. Le pasteur doit être un homme ou une femme de Dieu. il ou elle doit passer le temps avec Dieu dans la prière pour qu'il écoute Dieu. Il doit mener une vie pieuse, parce que si sa vie ne reflète pas son message, les gens vont rejeter son message. Il doit connaître la Parole de Dieu à fond et l'enseigner clairement et correctement.

Paul a écrit au jeune pasteur Timothée, et lui donne ce conseil, «efforce-toi de te présenter devant Dieu comme un homme éprouvé, un ouvrier qui n'a point à rougir, qui dispense droitement la parole de la vérité» (2 Timothée 2.15). Le mot ouvrier utilisé dans ce verset peut aussi se traduire par artisan. Cela veut dire un ouvrier qualifié. Certains menuisiers construisent des bâti-ments en bois désordonnés, peut-être la charpente de la maison, ou des pro-tèges toiture. Leur travail n'est pas de qualité. D'autres menuisiers sont professionnels, et ils créent d'excellents objets de bois, tels que des meubles, des armoires, et des coffres. Ils sont prudents dans leur travail, et ils savent utiliser adroitement leurs outils. Les meubles qu'ils font sont beaux et forts. Ce sont des artisans-ouvriers.

Dieu veut que nous soyons des artisans spécialistes dans l'enseignement et la proclamation de la parole de Dieu. Nous devons l'enseigner et la prêcher pour que les gens soient informés, encouragés, bénis et leurs vies transformées. En plus, nous devons l'enseigner de telle manière que Dieu qui écoute aussi nos prédications, ait un sourire de consentement.

Les paroles de Paul comme conseils à Timothée sont utiles à tous les pasteurs.

> *En attendant ma venue, consacre-toi à la lecture publique des Écritures, à la prédication et à l'enseignement. Ne néglige pas le ministère qui t'a été confié par grâce, sur la base d'une prophétie, lorsque les responsables de l'Église t'ont imposé les mains. Prends ces choses à cœur, consacre-toi à elles, afin que tout le monde soit frappé de tes progrès. Veille sur toi-même et sur ton ensei-gnement. Sois persévérant en cela. En agissant ainsi, tu assureras ton salut et celui de tes auditeurs.* (1 Timothée 4.13-16, BDS)

Remarquer cette double insistance. Veille ...

1) ... sur toi-même et

2) ... sur ton enseignement.

Si nous sommes prudents à faire les deux, alors tout le monde en bénéfi-ciera. Soit nos vies ne s'accordent pas à nos paroles soit le temps de tout le monde est perdu. Et notre vie, et notre message doivent s'harmoniser avec la parole de Dieu.

La Bible : la parole écrite de Dieu

La Bible n'a pas été écrite d'un seul coup comme un livre des temps modernes. Elle a plutôt été composée pendant une période de 1.500 ans par au moins quarante auteurs différents. Mais, la Bible n'est pas juste une collection d'idées de quarante personnes. Le Saint-Esprit en est le rédacteur qui instruisit et guida les écrivains. C'est en fait la Parole de Dieu pour nous. La Bible utilise beaucoup d'images pour décrire la Parole de Dieu.

- **La nourriture** - «L'homme ne vivra pas de pain seulement, mais de toute parole qui sort de la bouche de Dieu» (Matthieu 4.4).
- **La lumière** - «Ta parole est une lampe à mes pieds, et une lumière sur mon sentier» (Psaume 119.105).
- **Le Feu** et **le marteau** - «Ma parole n'est-elle pas comme un feu, dit l'Éternel, et comme un marteau qui brise le roc?» (Jérémie 23.29).
- **L'épée** - «Prenez aussi le casque du salut, et l'épée de l'Esprit, qui est la parole de Dieu» (Éphésiens 6.17).
- Comme un **bistouri de chirurgien** - «Car la parole de Dieu est vivante et efficace, plus tranchante qu'une épée quelconque à deux tranchants, pénétrante jusqu' à partager âme et esprit, jointures et moelles ; elle juge les sentiments et les pensées du cœur» (Hébreux 4.12).
- **Inspirée** par Dieu - «Toute Écriture est inspirée de Dieu, et utile pour enseigner, pour convaincre, pour corriger, pour instruire dans la justice» (2 Timothée 3.16).
- **Éternelle** - «Le ciel et la terre passeront, mais mes paroles ne passeront point» (Matthieu 24.35).

C'est une responsabilité énorme d'être appelé par Dieu et ordonné par l'Église pour prêcher la parole de Dieu. Nous ne devons pas abuser de ce privilège nous devons plutôt l'analyser attentivement et la proclamer efficacement.

Jésus : la Parole vivante de Dieu

La Bible est un livre avec des papiers et de l'encre, et nous l'appelons la parole écrite. Mais Jean dit, «Au commencement était la Parole, et la Parole était avec Dieu, et la Parole était Dieu. … La Parole a été faite chair, et elle a habité parmi nous, pleine de grâce et de vérité» (Jean 1.1, 14). Donc, comme la Bible est la parole écrite de Dieu, Jésus est la Parole révélée de Dieu, ou bien la Parole vivante de Dieu.

Jésus est appelé la Parole par ce qu'il est, lui-même, le message qui vient de Dieu. Jésus a manifesté Dieu non seulement en parole mais aussi par sa vie, sa naissance, son enseignement, ses miracles, sa mort sacrificielle et la victoire de sa résurrection. Dans tout ce qu'il a fait et dit, il nous a révélé le Père. Jésus dit, «Celui qui m'a vu a vu le Père» (Jean 14.9).

La Parole écrite (la Bible) et la Parole vivante (Jésus) viennent toutes les deux de Dieu, et toutes les deux nous révèlent Dieu, c'est à dire qu'elles nous aident à connaître Dieu.

Méditer la parole

Comme le guitariste accorde sa guitare avant de la jouer, le pasteur aussi doit s'assurer avant de prêcher que son cœur accorde à ceux de Dieu. Avant d'écrire un seul mot du sermon, il faut passer le temps en mettant Dieu au centre des pensées : sa grandeur, son salut, son amour et sa puissance. Nous commençons par une attitude de prière, en gardant un esprit tranquille et en ouvrant le cœur pour écouter Dieu et entendre sa voix. Ceci permettra à Dieu de donner un message à notre âme. Cela peut être un message d'encouragement ou un message de correction. Dieu nous montre des choses qui doivent être changées dans notre vie et dans notre attitude. Nous devons nous hâter à recevoir ces corrections nous-mêmes.

Un prédicateur doit aussi méditer sur la parole de Dieu avant de la prêcher. Méditer veut dire penser profondément et à fond sur les paroles de la Bible et les implications de leur sens. Avant que le prédicateur puisse prêcher, il doit au préalable méditer sur la parole. Nous devons nous nourrir de la parole avant de nourrir les autres.

Avez-vous vu comment les vaches mangent? Ils sortent le matin et mangent beaucoup d'herbes. Ils ne mâchent pas l'herbe, mais ils l'avalent seulement et la gardent dans une partie spéciale de leur estomac. Quand il fait chaud, ils ramènent les herbes mangées sur la bouche et recommencent à les mâcher. La méditation aussi est pareille. Nous ramenons les paroles des écritures dans nos spirits. Et nous y pensons bien attentivement. Nous prions sur cela et les mettons en pratique dans nos vies. Quand nous faisons ceci, la beauté, la bonté, et la force de la parole de Dieu dévient une partie de nous, et nous recevons la force, le courage et les idées fraîches.

La Bible utilise l'image d'une plante en croissance pour expliquer comment nous nous attachons à Dieu et à la parole de Dieu. L'auteur du premier psaume a décrit celui qui médite la loi de l'Éternel jour et nuit est comme « un arbre planté près d'un courant d'eau ; il donne toujours son fruit lorsqu'en revient la saison. Son feuillage est toujours vert » (Psaumes 1.2-3, BDS).

Dans le Nouveau Testament, Jésus compara les disciples à un autre type de plante. Il a dit, « Je suis le cep, vous êtes les sarments » (Jean 15.5). Les sarments n'ont pas leur propre vie et puissance. S'ils sont coupés du cep, ils dessèchent et meurent. Jésus dit que, quand nous restons attachés à lui comme des sarments, nous porterons beaucoup de fruit. Comme la sève de la vigne se répand sur les branches et produit des fruits savoureux, de la même façon, quand nous méditons la parole de Dieu, la puissance de Dieu qui donne la vie se répand dans nos propres vies.

Une alimentation équilibrée

Nous sommes appelés par Dieu pour nourrir ses brebis. La nourriture que nous donnons est dans la forme d'un message préparé soigneusement de la parole de Dieu. Toutefois, nous devons donner une alimentation équilibrée de la nourriture.

Certains pasteurs sont orgueilleux du fait qu'ils sont évangélistes, ce qui signifie pour eux qu'ils passent la plupart de leur temps à prêcher les messages relatifs au salut. Toutefois nos fidèles veulent une alimentation équilibrée de la prédication biblique. Il y a beaucoup plus dans la vie chrétienne que le salut. Nous devons vivre fortement une vie chrétienne qui glorifie Dieu. Paul a dit, « Vous savez que je n'ai rien caché de ce qui vous serait utile, et que je n'ai pas craint de vous prêcher et de vous enseigner publiquement et dans les maisons, … car je vous ai enseigné tout le conseil de Dieu sans rien cacher »

(Actes 20.20, 27). Remarquez que Paul dit, « tout le conseil de Dieu. » Paul n'avait pas seulement quelques prédications ou quelques thèmes qu'il a prêchés plusieurs fois. Il connaissait la Parole de Dieu minutieusement, et il s'est souvent référé aux auteurs de l'Ancien Testament. Il connaissait la vie, la mort et la résurrection de Jésus Christ et il a proclamé tout cela aux hommes.

Il y a plusieurs façons de vous aider à offrir une alimentation équilibrée aux fidèles. Il y a les pasteurs qui préparent leurs programmes de prédications une année en avance. Les autres le préparent deux ou trois mois en avance. Certaines prédicateurs prennent un livre biblique, du premier chapitre au dernier, et en font des sermons. D'autres centrent leurs messages autour d'un thème quelconque qui sera utile à l'assemblée. En faisant un programme de prédication, le pasteur doit penser aux fidèles dans l'assemblée et là où ils sont dans leur parcours spirituel.

Voici quelques questions à vous poser pour vous aider à programmer une prédication équilibrée :

- Quelles sont les tentations que vos fidèles rencontrent le plus souvent ? quelles sont les tentations que vous rencontrez le plus souvent ?
- Quels sont leurs doutes et peur ? quels sont les vôtres ?
- Avez-vous des gens qui sont irrésolus dans votre assemblée ? y-a-t-il nombreux qui ne sont pas vraiment sûrs de suivre Jésus ? avez-vous des difficultés dans ce domaine ?
- Quels sont les comportements que les gens veulent laisser ? quels sont les comportements qui vous gênent ?
- Quelles sont les nouvelles habitudes qu'ils veulent prendre ? quelles sont les vôtres ?
- La plupart des gens dans votre assemblée sont-ils remplis du Saint-Esprit ? et vous ?

Vous et les fidèles de votre assemblée, vous êtes dans un parcours spirituel. Toutefois, tout le monde n'est pas dans la même place que vous dans ce parcours. Certains commencent à peine. Les autres il y a longtemps qu'ils sont déjà dans ce parcours. Si vous pensez prier pour leur parcours spirituel (et le vôtre) cela vous aidera à connaître quel genre de nourriture ils veulent. Souvenez-vous aussi, vous ne devez pas préparer un message qui s'adresse à un individu. Prêchez toute la parole de Dieu à toute l'assemblée.

Voici un peu d'aide pour faire un programme de prédication

1) Regardez le calendrier et marquez le temps et les saisons pour vous aider à préparer une prédication d'une année.

- Noel, et les semaines d'avant Noël. Préparez une série basée sur la prévision de l'arrivée de Christ dans nos vies.

- Le nouvel an. Ceci est une bonne saison pour prêcher sur le renouveau ou sur les besoins de la communauté.

- Nouvelle année scolaire. Encouragez les jeunes gens qui quittent les domiciles pour aller au collège ou à l'université.

- Pâques. Certaines églises passent les 40 jours d'avant la fête de Pâques dans la repentance. Alors Pâques sera le moment de la célébration.

- La Pentecôte. Le dimanche de la Pentecôte vient sept semaines après Pâques. Ceci serait le bon moment de prêcher sur la plénitude du Saint-Esprit.

- Les fêtes nationales. La plus part des pays ont des jours particuliers d'importance nationale.

- Saison de la plantation et de la récolte. On peut prêcher les paraboles de Jésus.

2) Série de messages. Créez des espaces dans votre calendrier pour prêcher une série de messages sur un thème. D'habitude une série est quatre à six semaines. Voici quelques idées ;

- Les miracles de Jésus.

- Les paraboles de Jésus.

- Les héros de l'Ancien Testament.

- Les personnages bibliques qui sont moins connus.

- Les gens qui ont rencontrés Jésus : Matthieu, Zachée, Marie-Madeleine, Bartimée, etc.

- Les fruits de l'esprit (Galates 5.22).

3) Les évènements de la communauté. Comme vous ne pouvez pas prévoir ces évènements, il est bon de se préparer pour cela. Passez le temps à créer des grandes idées, ou pensez à vos prédications dans une situation comme celle-ci :

- La mort dans la communauté.
- Le mariage.
- La sècheresse, inondation ou d'autres catastrophes.

Ceux-ci sont juste un peu de moyens pour préparer la prédication. De cette façon vous pouvez couvrir une grande variété de matériel au courant d'une année, et comme résultat, votre assemblée grandira spirituellement. Si vous faites des programmes comme ceci, vos fidèles se réjouiront de la variété des messages, et recevront ainsi une alimentation équilibrée des prédications.

La vie du prédicateur

N'importe qui peut apprendre à prêcher, même un athée! La prédication est beaucoup plus que donner un discours sur Jésus ou sur la Bible. Une vraie prédication doit être soutenue par une vie intégrée. Les prédicateurs doivent pratiquer ce qu'ils prêchent. Quelu'un l'a dit de cette façon, «tout le monde parle, mais tout le monde ne fait pas ce qu'il dit.» C'est ce que disent les écritures.

> *En effet, il est nécessaire qu'un dirigeant d'Église soit irréprochable, puisqu'il a la responsabilité de la famille de Dieu. C'est pourquoi il ne doit être ni imbu de lui-même ni coléreux, ni buveur, ni querelleur, ni attiré par des gains malhonnêtes. Qu'il soit, au contraire, hospitalier, ami du bien, réfléchi, juste, saint et maître de lui-même.* (Tite 1.7-8, BDS)

La prédication doit venir du cœur. À moins que nous ayons expérimenté la puissance transformatrice de Dieu dans nos propres vies, nous ne pouvons pas la communiquer aux autres. Nous devons toujours être honnêtes, et ne pas essayer de nous méprendre. Souvent nous allons prêcher des sermons qui vont briller nos propres cœurs. C'est normal ! Le prédicateur ne doit pas prétendre être libéré des épreuves, et il doit être un modèle en même temps.

C'est une grande responsabilité de parler de la part de Dieu. Si nous donnons un faux message, nous pouvons faire des grands dégâts. Mais si nous communiquons clairement le message de Dieu, nous pouvons être une grande bénédiction.

N'oublions pas le centre de notre message : Jésus

Jésus est le centre de notre message. Écrit des années avant sa naissance, l'Ancien Testament parle d'avance sur la venue de Jésus. Dans le Nouveau Testament, nous apprenons sur sa vie et ses enseignements. Dans le livre des Actes des Apôtres et les épitres nous voyons son impact sur le monde.

Après sa résurrection, Jésus apparut à ses disciples et dit, «Et il leur dit : Ainsi il est écrit que le Christ souffrirait, et qu'il ressusciterait des morts le troisième jour, et que la repentance et le pardon des péchés seraient prêchés en son nom à toutes les nations, à commencer par Jérusalem (Luc 24.46-47). Jésus (ses paroles, sa vie, sa mort et sa résurrection) est le centre du message.

Le livre des Actes démontre cette réalité. Au jour de la Pentecôte Pierre prêcha sur Jésus, et trois milles personnes furent converties. Emmenés devant Sanhedrin, les apôtres prêchèrent Jésus. Ils dirent, «Il n'y a de salut en aucun autre ; car il n'y a sous le ciel aucun autre nom qui ait été donné parmi les hommes, par lequel nous devions être sauvés» (Actes 4.12).

Quand Philippe est allé en Samarie, il «prêcha le Christ» (Actes 8.5). Plus tard Philippe rencontra un eunuque de l'Éthiopie «lui annonça la bonne nouvelle de Jésus» (Actes 8.35). Quand Saul était converti, «il prêcha dans les synagogues que Jésus est le Fils de Dieu» (Actes 9.20).

À la fin de sa vie, Paul est allé en prison à Rome, mais son message était toujours le même, «Il recevait tous ceux qui venaient le voir, prêchant le royaume de Dieu et enseignant ce qui concerne le Seigneur Jésus Christ» (Actés 28.30-31). Paul a écrit aux Corinthiens, «Pour moi, frères, lorsque je suis allé chez vous, ce n'est pas avec une supériorité de langage ou de sagesse que je suis allé vous annoncer le témoignage de Dieu. Car je n'ai pas eu la pensée de savoir parmi vous autre chose que Jésus Christ, et Jésus Christ crucifié» (1 Corinthiens 2.1-2).

Notre première responsabilité est d'élever Jésus et de le présenter au peuple. Jésus nous a tant aimés qu'il a quitté les cieux pour venir dans cette terre. Jésus s'est humilié et devenu comme un serviteur pour démontrer la grandeur de l'amour de Dieu. Ceci est l'histoire la plus merveilleuse de toutes. Parlons sur la puissance de Jésus et ses miracles. Expliquez les paraboles pour que vos fidèles comprennent le royaume de Dieu. Parlez de la vie parfaite de

l'obéissance, et de la piété de Jésus. Parlez du sacrifice de sa mort et sa merveilleuse résurrection.

Nous ne sommes pas sauvés des péchés en suivant les règles ecclésiastiques
ou en se faisant baptiser, mais nous sommes sauvés par la merveilleuse grâce
de Dieu qui est bien visible dans la vie de Jésus. Jésus est aux cieux en train
d'intercéder pour nous, et il nous a donné le Saint-Esprit pour nous guider
et nous remplir. Jésus revient et nous serons avec lui pour toujours. Ceci est
une bonne nouvelle que nous voulons partager. Prêchons-la, pour autant que
nous puissions, sous l'onction de Dieu.

CHAPITRE 12

BAPTÊME ET COMMUNION

Dieu aime communiquer avec son peuple. Dieu se révèle à travers la naissance, la vie, le ministère, la mort et la résurrection de Jésus. Dieu nous parle à travers la parole écrite (la Bible). Il nous parle aussi à travers la parole proclamée (la prédication) dans laquelle l'histoire de Dieu est récitée, rappelée, réinterprétée et mise en pratique aujourd'hui. Il y a encore d'autres moyens par lesquels Dieu nous parle. Il nous parle aussi puissamment à travers les sacrements : baptême et communion.

Le mot sacrement veut dire un évènement sacré. Ce sont des drames en miniature ou des évènements dramatiques dans lesquels toute l'Église prend part. Pour bien comprendre ces évènements importants, nous devons regarder, d'abord, l'Ancien Testament.

SACREMENTS : CÉRÉMONIES QUI AFFERMISSENT NOTRE FOI

Dans l'Ancien Testament nous avons vu beaucoup de cérémonies et rites du peuple de Dieu. Deux d'entre eux étaient particulièrement importants : la circoncision et la Pâque juive. Dieu avait donné l'ordre à Abraham et à ses descendants de continuer avec la circoncision comme signe d'alliance (Genèse 17.9-11). À l'âge de huit jours tout mâle était circoncis. Ceci montrait qu'ils faisaient partie des hommes spéciaux de Dieu. La Pâque juive était un évène-ment annuel, où le peuple de Dieu se souvenait de la façon dont Dieu les a vigoureusement délivrés de l'esclavagisme en Égypte.

En parallèle, dans le Nouveau Testament, le baptême est un rituel qui in-dique que quelqu'un est devenu membre parmi les hommes spéciaux de Dieu. La communion prend la place de la Pâque juive, pour se rappeler de la déli-vrance puissante que Jésus a accomplie par sa mort et résurrection. Examinons plus profondément chacun de ces sacrements chrétiens.

LE BAPTÊME

Jean Baptiste était juif et il avait la plupart de temps prêché aux Juifs. Son message était clair : « Repentez-vous et soyez baptisés ! » Ceci était un message très radical. La plupart des Juifs croyaient qu'ils étaient déjà en bonne relation avec Dieu parce qu'ils étaient circoncis et ils étaient comptés parmi les hommes spéciaux de Dieu. Le message de Jean était troublant pour eux.

Il y avait quatre parties dans la prédication de Jean :

1) **Se détourner des péchés** — « Il disait : Repentez-vous, car le royaume des cieux est proche » (Matthieu 3.2).

2) **Confesser les péchés et être baptisé** — « Tout le pays de Judée et tous les habitants de Jérusalem se rendaient auprès de lui ; et, confes-sant leurs péchés, ils se faisaient baptiser par lui dans le fleuve du Jourdain » (Marc 1.5).

3) **Changer de mode de vie** — « Produisez donc du fruit digne de la repentance » (Matthieu 3.8).

4) **Chercher le Christ** — « Moi, je vous baptise d'eau, pour vous ame-ner à la repentance ; mais celui qui vient après moi est plus puissant que moi, et je ne suis pas digne de porter ses souliers. Lui, il vous baptisera du Saint Esprit et de feu » (Matthieu 3.11).

Jean a souligné que les hommes ne peuvent pas seulement se référer à une cérémonie qui s'est passée quand ils étaient âgés de huit jours comme preuve d'une bonne relation avec Dieu. Ils avaient plutôt besoin de changer le cœur (que nous appelons la repentance), et le baptême était un moyen public et symbolique de le démontrer.

Dans sa première prédication après le jour de Pentecôte, Pierre a parlé à la foule et dit, « Repentez-vous, et que chacun de vous soit baptisé au nom de Jésus Christ, pour le pardon de vos péchés ; et vous recevrez le don du Saint Esprit » (Actes 2.38).

Jésus a ordonné à ses disciples, « Allez, faites de toutes les nations des disciples, les baptisant au nom du Père, du Fils et du Saint Esprit, et enseignez-leur à observer tout ce que je vous ai prescrit. Et voici, je suis avec vous tous les jours, jusqu'à la fin du monde. » (Matthieu 28.19-20).

Voilà comment, évidemment, le baptême est important. C'est le signe public et symbolique de la repentance de péché et de la foi en Christ. Le baptême ne sauve personne. Au contraire, le salut arrive quand Dieu nous pardonne, mais le baptême c'est une façon puissante et visible d'annoncer cette arrivée d'un nouveau membre de la famille de Dieu. C'est pourquoi le baptême est une activité publique, et non privée.

Le baptême est riche en symbolisation. Premièrement, c'est une image de notre participation à la mort et résurrection de Jésus : « ayant été ensevelis avec lui par le baptême, vous êtes aussi ressuscités en lui et avec lui, par la foi en la puissance de Dieu, qui l'a ressuscité des morts » (Colossiens 2.12).

Quand quelqu'un descend dans l'eau, c'est un symbole de

- La mort de Jésus pour nous
- Notre mort au péché

Quand quelqu'un sort de l'eau, c'est un symbol de :

- La résurrection de Jésus d'entre les morts.
- Notre nouvelle vie en Jésus.

Nous le voyons dans les écrits de Paul : « Nous avons donc été ensevelis avec lui par le baptême en relation avec sa mort afin que, comme le Christ a été ressuscité d'entre les morts par la puissance glorieuse du Père, nous aussi, nous menions une vie nouvelle » (Romains 6.4, BDS).

Le baptême est une déclaration publique de foi en Jésus Christ. Il affermit la foi du nouveau converti, et la cérémonie du baptême peut stimuler certaines personnes à donner leur vie à Christ.

Quand ?

Quand est-ce que les gens peuvent être baptisés après être devenu chrétiens est une question que beaucoup de gens se posent. Ce n'est pas à répondre, mais voici quelques indications pour nous aider à se décider.

- Le baptême ne sauve personne. Dieu sauve les gens quand ils se repentent de leur péchés, croient en Christ et le confessent comme leur Seigneur.
- Le baptême ne fait personne membre de l'Église. L'Église, dans le sens plus large de ce mot, c'est la famille de Dieu. Nous en devenons membre au moment du salut. Certaines églises associent le baptême à l'intégration de l'assemblée locale. Mais, cela n'est pas la même chose de faire partie de l'Église.
- Le baptême exige que les gens comprennent les principes de leur nouvelle foi. Nous ne forçons pas les gens au baptême ; c'est un choix. Le pasteur demande au nouveau croyant de reconnaître publiquement la foi en Jésus. La personne doit connaître ce que cela signifie.
- Les histoires bibliques montrent que le baptême se passe juste après la conversion, pas plus tard. Nous ne devons pas attendre jusqu'à ce que quelqu'un ait tout à fait une maturité avant de lui offrir le baptême.

Le pasteur doit tenir compte de beaucoup de choses avant de baptiser quelqu'un. Toutefois le baptême est important, et le pasteur ne doit pas le refuser à quelqu'un par punition ou pour lui interdire l'accès à l'église.

Le baptême des enfants

Il y a beaucoup d'avis sur l'âge auquel un enfant peut être baptisé. Certaines églises baptisent les bébés, et ensuite plus tard (quand l'enfant atteint l'âge de douze ans ou plus) ils offrent des classes pour confirmer le baptême précédent. Certaines églises baptisent seulement les gens qui se sont repentis de leurs péchés et qui ont cru en Jésus comme Sauveur. Au lieu de baptême, ils conduisent un service de dédicace des nouveaux nés dans lequel les parents cherchent les bénédictions de Dieu sur l'enfant, et ils promettent d'élever l'enfant dans l'amour et dévouement de Jésus.

LA COMMUNION

La Pâque juive était la fête annuelle la plus importante pour le peuple d'Israël. Dieu avait instruit à Moïse de célébrer la Pâque en mémoire de la délivrance spectaculaire des enfants d'Israël qui étaient esclaves en Égypte.

Il y a longtemps que Dieu envoya une série d'épidémie en Égypte, pour convaincre Pharaon de libérer les enfants d'Israël, le peuple de Dieu. Pharaon n'a pas écouté. Ainsi Dieu avertit Moïse sur la dernière plaie : dans une nuit, tous les premiers nés en Égypte étaient morts. Pour sauver les hommes de cet épouvantable évènement, Dieu instruit à chaque famille juive d'abattre un agneau au crépuscule et de mettre un peu de son sang sur la porte. Ils devraient manger l'agneau cette nuit-là, avec du pain sans levain. Ils n'avaient pas assez de temps pour que la levure monte. Les gens devaient manger le repas cette nuit bien habillés, avec leurs chaussures aux pieds. La délivrance de Dieu était venue rapide, et les gens étaient prêts à partir.

Cette nuit quand l'ange de la mort a visité l'Égypte, il est passé par-dessus de toutes les maisons qui avaient le sang de l'agneau sur la porte. Si quelqu'un n'avait pas le sang de l'agneau sur la porte, ainsi le fils aîné de cette famille mourait. C'était cette dernière calamité qui a convaincu Pharaon de libérer les juifs.

La célébration de Pâques était, en fait, un moment de se rappeler de l'action puissante de Dieu dans le passé et de célébrer son salut. Le centre de la fête était un repas spécial que toute la famille partageait, qui était riche en symboles. Ils ont mangé l'agneau pour se rappeler de l'agneau qui était égorgé en Égypte. Le sang de l'agneau était mis sur les portes de chaque maison, parce que Dieu promit que l'ange de la mort passerait au-dessus de ces maisons. Le pain sans levain, et le vin étaient inclus aussi dans le repas de la Pâque.

Les Juifs continuent encore à célébrer la Pâque aujourd'hui. Ils s'en souviennent avec action de grâces pour Dieu, à cause de sa délivrance extraordinaire qui a eu lieu plusieurs années passées.

Il y a un rapport direct entre la fête des Pâques de l'Ancien Testament et la fête de la communion du Nouveau Testament.

1) *C'est un repas de la communauté.* La Pâque était un repas familial. Cela ne se prenait jamais seul, mais toujours en communauté. C'était le moment de la communauté pour se réjouir ensemble. Jésus a

mangé la Pâque avec ses disciples, et à la fin il introduisit la communion en utilisant le pain sans levain, et le vin. Jésus a dit à ses disciples, « faites ceci en mémoire de moi » (Luc 22.19).

2) *C'est concentré sur le salut de Dieu.* Dieu a libéré le peuple de l'Égypte, mais il les a aussi sauvés de la dernière plaie. Les familles qui étaient protégées par le sang de l'agneau étaient épargnées. Jésus prédit sa propre mort, et le raconta à ses disciples. Sa mort qui inclut l'infusion du sang, est au centre de la foi chrétienne. Jésus est l'agneau de Dieu, dont l'effusion du sang nous a sauvés.

Le pain et le vin que nous mangeons à la communion n'ont pas une puissance magique. Ils nous aident plutôt à focaliser nos pensées et notre foi sur Jésus. C'est Jésus qui nous pardonne les péchés. « Car c'est par la grâce que vous êtes sauvés, par le moyen de la foi. Et cela ne vient pas de vous, c'est le don de Dieu. Ce n'est point par les œuvres, afin que personne ne se glorifie » (Éphésiens 2.8-9). Les éléments de la communion, pain et vin, sont des symboles de la mort de Jésus, mais ils sont aussi des symboles pour notre espoir a venir.

Nous ne croyons pas que le pain et le vin sont le vrai corps et le vrai sang de Jésus. Le pain et le sang sont d'excellents symboles que nous voyons, touchons et mangeons. Nous n'entendons pas simplement l'histoire de Jésus, mais nous extériorisons l'histoire de sa mort et résurrection ; et ceci affermit notre foi.

Les symboles de la communion

Dieu nous parle à travers les paroles et à travers les symboles visibles. Le service de communion est très riche en les deux.

Le pain

Le pain est un portrait de Jésus. Jésus dit, « Je suis le pain vivant qui est descendu du ciel. Si quelqu'un mange de ce pain, il vivra éternellement ; et le pain que je donnerai, c'est ma chair, que je donnerai pour la vie du monde » (Jean 6.51).

Le pain était la nourriture quotidienne, mangée tous les jours pour donner la force et l'énergie. De la même façon, la participation à la communion est une merveilleuse façon d'affirmer notre vie chrétienne.

Le pain sans levain

Le pain quotidien était fait avec levain. Mais, le pain de Pâque était sans levain, qui veut dire qu'il était fait sans levure. La levure était souvent utilisée comme image du péché. Un peu de levure va se multiplier et se répandre sur toute la pâte. De la même façon que si nous permettons un peu de péché dans notre vie, il va se répandre sur toute notre vie et nous détruire. Le pain sans levain parle de la pureté de la vie de Jésus.

Le pain rompu

Avant de donner le pain aux disciples pour manger, Jésus le rompit. Ceci est une image de la mort de Jésus. Les grains de blé qui sont des semences vivantes sont écrasés entre les meules pour faire le pain. Le blé doit diminuer pour faire la farine. Le pain est encore rompu dans le service de communion. Ensuite nous mangeons le pain, nous le mordons et le mâchons avant que nous l'avalions et digérions. Ceci est une image puissante de Jésus qui était écrasé, brisé et mort. C'est la mort de Jésus qui nous donne la vie.

Au début de l'époque de l'Église, les croyants n'ont pas acheté le pain au marché. Ils le faisaient plutôt à la maison. Les chrétiens, ont donc apporté le travail de leurs mains, la nourriture quotidienne, et l'ont utilisé dans le service communautaire. Ceci est une excellente image de la façon dont Dieu prend les choses ordinaires et les gens ordinaires pour les rendre spéciaux.

Le vin

Le vin se fait en écrasant les grains de raisin et en recueillant le jus. À l'époque de Jésus, les gens marchaient sur les grains de raisin et les écraser avec les pieds. Nous avons encore l'image de coupure et de cassure qui nous fait référer à Jésus.

Le vin est aussi grenat. La couleur du vin nous fait rappeler le sang de Jésus qui s'écoulait des blessures qu'il a reçues : ses mains et ses pieds, à partir des clous de la croix, son front, de la couronne d'épines, son dos fouetté, et surtout l'épée enfoncée dans son cœur. En prédisant sa propre mort, Jésus a offert du vin à ses disciples et dit, « car c'est mon sang, le sang de l'alliance, qui est répandu pour plusieurs, pour la rémission des péchés » (Matthieu 26.28).

Le sens de la communion

Dans la cérémonie de la communion, nous nous tenons dans nos propres mains les symboles de la cassure du corps de Jésus et de son sang répandu, cela nous rappelle sa mort puissante, sa vie donnée pour nous. Le salut est gratuit pour nous, mais c'était côuteux pour Dieu. Il en a payé un grand prix pour nous (1 Pierre 1.18).

1) *La communion parle du passé.* le pain et le vin nous rappellent la souffrance et la mort de Jésus.

2) *La communion parle au présent.* La communion affermit notre foi. En prenant le pain et le vin, nous recevons la grâce et la force pour notre vie quotidienne comme nous vivons pour Jésus.

3) *La communion se tourne vers le futur.* « Car toutes les fois que vous mangez ce pain et que vous buvez cette coupe, vous annoncez la mort du Seigneur, jusqu'à ce qu'il vienne » (1 Corinthiens 11.26). La mort de Jésus n'est pas la fin de l'histoire. Jésus est ressuscité des morts et retourné aux cieux. Il reviendra. Jésus a dit à ses disciples, « J'ai vivement désiré célébrer cette Pâque avec vous avant de souffrir. En effet, je vous le déclare, je ne la mangerai plus jusqu'au jour où tout ce qu'elle signifie sera accompli dans le royaume de Dieu » (Luc 22.15-16, BDS). Un jour nous allons participer dans le festin de victoire où nous célèbrerons la victoire de Christ sur le péché, la mort et l'enfer.

La communion comme la Pâques est une fête de famille. Quand nous venons à la table de communion, nous venons comme des pécheurs indignes, sauvés par la grâce de Dieu. « Dans cette nouvelle humanité, il n'y a plus de différence entre Juifs et non-Juifs, entre circoncis et incirconcis, étrangers, barbares, esclaves, hommes libres : il n'y a plus que le Christ, lui qui est tout et en tous » (Colossiens 3.11, BDS).

Dans beaucoup de cultures les gens mangent ensemble comme un signe de réconciliation. Dans certains endroits quand les tribus en guerre font la paix entre eux, ils doivent manger ensemble. Il y a des tribus qui égorgeront une chèvre ou une vache et les leaders adverses partageront la viande du même animal comme signe de leur unité. Cela marche ensemble avec ce que les Écritures déclarent : « Alors que nous étions ses ennemis, Dieu nous a réconciliés avec lui par la mort de son Fils ; à plus forte raison, maintenant que nous sommes réconciliés, serons-nous sauvés par sa vie. » (Romains 5.10, BDS). La communion est un repas qui proclame la paix et la réconciliation que nous avons entre nous et Dieu.

Qui devrait participer à la communion ?

La communion est pour tout croyant. Cela signifie quelqu'un qui a confessé ses péchés et croit en Jésus comme Seigneur. C'est mieux qu'une personne soit d'abord baptisée avant de prendre la communion. La communion doit être prise avec respect. Paul nous demande d'examiner nos cœurs avant de venir la prendre (1 Corinthiens 11.28).

Certains chrétiens ne participent pas à la communion parce qu'ils se sentent coupables de quelque chose dans leur vie. Pour aider les gens à examiner leurs cœurs et confesser leurs péchés, certaines églises préparent la sainte cène en organisant un service spécial une semaine avant. La plupart des pasteurs prévoient un moment de prière en silence au début de service de communion pour que les gens prient et confessent leurs péchés à Dieu.

Si les chrétiens refusent de prendre la communion ils rentrent souvent à la maison en se sentant détruit moralement et découragés qu'avant. Le service de la communion est un moment d'accepter la grâce et le pardon. Ce n'est pas le moment de juger qui est digne et qui ne l'est pas. Personne n'est vraiment digne du sang de Jésus. Nous étions tous des pécheurs coupables, et nous continuons à dépendre de la grâce et la miséricorde de Dieu. Aucun de nous n'est même assez parfait pour mériter la grâce de Dieu. En tant que pasteurs, nous devons encourager les fidèles qui se sentent coupables de se servir de cet évènement comme un moment de confession, repentance, pour recevoir encore le tendre pardon de Dieu.

13

PRIER POUR LES MALADES

Jésus est l'un des plus grands guérisseurs reconnus de toute l'histoire. Il a guéri les malades, et a dit à ses disciples de les guérir à leur tour (Luc 9.1, 11). On demande souvent au pasteur de prier pour les malades. C'est une tâche importante pour les ministres. Souvent quand les gens sont malades, ils sont aussi très inquiets. Ils se posent des questions comme :

Pourquoi suis-je malade ?

Dieu est-il en colère contre moi ?

Quelqu'un m'a-t-il ensorcelé ?

Ai-je les moyens d'aller voir le médecin ?

Ai-je commis un péché que je n'ai pas confessé ?

Ces inquiétudes sont très réelles pour un malade et sa famille. Le pasteur doit les aider.

LA CAUSE DE LA MALADIE

La Bible dit à plusieurs reprises que Dieu bénit ceux qui lui obéissent, et il jugera ceux qui le rejettent. « Car l'Éternel veille sur la voie des justes ; mais le sentier des méchants les mène à la ruine » (Psaumes 1.6, BDS). Cependant, tous les justes ne sont pas en bonne santé, et tous les pécheurs ne sont pas malades. Pourquoi les choses méchantes arrivent-elles aux justes ?

Dieu est tout puissant, et il est toujours bon. Il nous aime et prend soin de nous. Quand Dieu a créé le monde, il n'y avait pas de maladie, pas de péché, ni un mal quelconque. Quand Adam et Ève ont péché, le jugement est venu sur le monde. Le péché a apporté le jugement de Dieu qui comprend les épines, les chardons, la douleur, la maladie, et la mort. Nous vivons dans un monde qui souffre à cause du péché. La bonne nouvelle est que quand Jésus reviendra, les choses se transformeront comme elles étaient au commencement. Le péché, la maladie, la mort, et toute forme de mal seront détruits. Pour l'instant, nous vivons dans un monde qui est loin de la perfection.

Nous constatons parfois un rapport direct entre le péché et la maladie. Mais, il y a parfois les innocents qui attrapent la même maladie. Examinons cet exemple : un pervers homme marié couche avec une prostituée et attrape la syphilis. C'est facile de voir le rapport entre le péché d'adultère et la maladie de syphilis. Cependant ce même homme peut aller vers sa femme, qui lui est fidèle, et lui transmettre la même maladie. Donc l'innocent souffre.

La Bible a beaucoup d'exemples des gens qui sont malades sans en connaître la cause. Une fois Jésus marchait avec ses disciples et ils aperçurent un aveugle de naissance. Les disciples de Jésus firent à Jésus la question à savoir, si c'est lui qui avait péché, ou ses parents. Jésus répondit clairement que, c'était ni l'un ni l'autre qui a péché pour que cet homme soit né aveugle (Jean 9.3).

L'histoire de Jacob dans l'Ancien Testament nous montre un homme juste qui a aimé Dieu de tout son cœur. Il a perdu tout ce qu'il possédait et il était couvert de furoncles douloureux. Même s'il était innocent, il a souffert physiquement. Toutefois, même dans les moments les plus durs de sa souffrance, il n'a pas rejeté Dieu.

Satan peut nous apporter la maladie. Jésus a rencontré une femme infirme, et qui était incapable de se tenir debout. Il la guérit. Jésus dit que Satan l'avait tenue liée pendant huit ans. Jésus l'a libérée de la maladie causée par Satan.

Parfois Dieu permet à la maladie de venir dans notre vie pour que nous nous arrêtions et pensions. La maladie peut être la voie de Dieu pour nous reprendre et nous ramener vers lui. « Car le Seigneur châtie celui qu'il aime, Et il frappe de la verge tous ceux qu'il reconnait pour ses fils » (Hébreux 12.6).

La maladie ne signifie pas que Dieu ne nous aime pas. Dieu nous aime même quand nous étions ses ennemis. Dieu nous aime toujours, même au moment de la maladie. En fait, elle peut nous amener au calme et à la réflexion. Elle peut nous donner le temps de prier comme David a fait. « Sonde-moi, ô Dieu, et connais mon cœur ! Éprouve-moi, et connais mes pensées ! Regarde si je suis sur une mauvaise voie, Et conduis-moi sur la voie de l'éternité ! » (Psaume 139.23-24).

Les problèmes et la maladie peuvent nous fortifier. Un athlète s'exerce chaque jour. Les exercices ne sont pas faciles, les muscles sentent la douleur, et la personne se sent fatiguer. Mais le résultat est un corps fort et en bonne santé. Si la vie était toujours facile nous n'aurions pas développé une forte foi et confiance en Dieu. « Il est vrai que tout châtiment semble d'abord un sujet de tristesse, et non de joie ; mais il produit plus tard pour ceux qui ont été ainsi exercés un fruit paisible de justice » (Hébreux 12.11).

Pierre le décrit de cette façon :

Voilà ce qui fait votre joie, même si, actuellement, il faut que vous soyez attristés pour un peu de temps par diverses épreuves : celles-ci servent à éprouver la valeur de votre foi. Le feu du creuset n'éprouve-t-il pas l'or qui pourtant disparaitra un jour ? Mais beaucoup plus précieuse que l'or périssable est la foi qui a résisté à l'épreuve. Elle vous vaudra louange, gloire et honneur, lorsque Jésus-Christ apparaitra. (1 Pierre 1.6-7, BDS)

C'est ce que Job a expérimenté.

Dieu n'a jamais promis de guérir tous les malades. Si Dieu guérissait tous les malades, alors très peu de gens mourraient. La maladie, la peine et la mort font toutes parties de la vie sur terre. Quand Jésus reviendra, elles seront toutes détruites. De toutes les façons Dieu est avec nous dans nos maladies et nos peines. Il comprend notre peine. Jésus a enduré les pires douleurs et souffrances sur la croix que tout ce que nous pourrions vivre.

Joni Erickson était blessée dans un accident de plongeon et était devenue paralysée. La blessure lui a couté la vie en fauteuil roulant. Elle a prié et imploré Dieu de la guérir, mais il ne l'a pas fait. Il lui a plutôt donné le courage de vivre une vie positive et victorieuse sur le fauteuil roulant. Elle a béni beaucoup de gens paralysés. Quand elle parle de la force et de la grâce de Dieu, ils écoutent. Ils savent qu'elle a expérimenté la force de Dieu dans sa propre vie.

Son fauteuil roulant lui a donné un grand ministère et témoignages comme si elle était complètement guérie. Comme nous faisons confiance en Dieu et nous vainquons la maladie, la peine et la souffrance, nous pouvons être un encouragement et une bénédiction pour ceux qui passent des moments difficiles. «Béni soit Dieu, le Père de notre Seigneur Jésus-Christ, le Père qui est plein de bonté, le Dieu qui réconforte dans toutes les situations. Il nous réconforte dans toutes nos détresses, afin qu'à notre tour nous soyons capables de réconforter ceux qui passent par toutes sortes de détresses, en leur apportant le réconfort que Dieu nous a apporté» (2 Corinthiens 1.3-4, BDS).

PRIÈRE POUR LES MALADES

Nous trouvons des bons enseignements sur la prière des malades dans Jacques 5.14-16 :

> *Quelqu'un parmi vous est-il malade? Qu'il appelle les anciens de l'Église, et que les anciens prient pour lui, en l'oignant d'huile au nom du Seigneur ; la prière de la foi sauvera le malade, et le Seigneur le relèvera ; et s'il a commis des péchés, il lui sera pardonné. Confessez donc vos péchés les uns aux autres, et priez les uns pour les autres, afin que vous soyez guéris. La prière fervente du juste a une grande efficace.*

Appelez les anciens de l'église. C'est bien d'avoir une équipe de gens dans l'église qui prient pour les malades. Le pasteur peut diriger ce groupe. S'il y a quelqu'un qui a le don de prier pour les malades, alors le pasteur doit lui laisser cette responsabilité. La prière en commun augmente la puissance. Jésus dit, «Je vous dis encore que, si deux d'entre vous s'accordent sur la terre pour demander une chose quelconque, elle leur sera accordée par mon Père qui est dans les cieux. Car là où deux ou trois sont assemblés en mon nom, je suis au milieu d'eux» (Matthieu 18.19-20).

Avoir un groupe de gens qui prient n'encourage pas seulement la foi de ceux qui prient, mais affermit aussi celle des malades. Parce que ce groupe est désigné par l'église, ils représentent l'accord de l'assemblée dans la prière.

Oignez d'huile au nom du Seigneur. Dans l'Ancien Testament, un prophète ou un prêtre oint d'huile un nouveau roi ou un nouveau prêtre. Cela était un signe qu'il était choisi par Dieu et que le Saint-Esprit de Dieu se reposait sur lui. Donc l'huile est le symbole de la présence du Saint-Esprit. Il n'y a pas une puissance magique dans l'huile. La puissance de guérison vient de Dieu lui-même. Beaucoup de pasteurs gardent une petite bouteille d'huile disponible, pour l'utiliser quand ils prieront particulièrement pour les malades.

Confessez vos péchés. Le pasteur peut poser des questions au malade, telles que,

> *Y-a-t-il quelque chose dans votre vie que vous voulez confessez?*

> *Dieu vous-a-t-il parlé de quelque chose que vous devez corriger?*

> *Avez-vous des problèmes de famille, colère, jalousie ou amertume que nous devons discuter d'abord?*

Ces questions et réponses ne peuvent pas se faire à la hâte. Le malade doit ouvrir son cœur à Dieu. Il sera bien d'inviter toute la famille de participer à ce moment de confession et repentance. La maladie vient souvent quand il n'y a pas d'harmonie. Quand il y a des tensions et division dans la famille, la maladie physique peut se développer facilement. Donc il est important de restaurer l'harmonie et la santé de la famille si nous voulons voir la guérison physique.

Examinez ces versets bibliques :

> *Mes chers amis, si notre cœur ne nous condamne pas, nous sommes pleins d'assurance devant Dieu. Il nous donne tout ce que nous lui demandons, parce que nous obéissons à ses commandements et que nous faisons ce qui lui plaît. Or, que nous commande-t-il? De placer notre confiance en son Fils Jésus-Christ et de nous aimer les uns les autres, comme il nous l'a lui-même prescrit.* (1 Jean 3.21-23, BDS)

> *Celui qui cache ses fautes ne prospèrera pas, celui qui les avoue et les délaisse obtient miséricorde.* (Proverbes 28.13, BDS)

Priez. Notre foi est en Dieu qui est à la fois le Tout puissant et le Dieu d'amour. C'est bien de citer certaines promesses de Dieu. Lire une histoire biblique qui montre Dieu en train de guérir les malades. Ceux-ci nous aident à augmenter notre foi et à affirmer aussi la foi des malades. Après ta prière tu peux demander au malade :

Comment vous sentez-vous ?

Il y a-t-il une différence ?

Dieu vous a-t-il montré quelque chose ?

Écoutez attentivement les réponses. Elles peuvent vous guider dans la prière. Nous ne pouvons pas prier et repartir vite ensuite. La prière est une partie du travail de pasteur de paître les brebis. Nous ne pensons pas seulement à la condition physique des gens. Nous voulons que Dieu les touche physiquement, mentalement et spirituellement.

La suite

Notre but est de voir les gens complètement guéris — physiquement, spirituellement, socialement et mentalement.

- **Physique**. Plus de maladie
- **Spirituel**. En paix avec Dieu ; Plus de peur de Dieu et ne plus se cacher de lui
- **Sociale**. Vivre en harmonie avec la famille, les amies et les voisins.
- **Mentale**. Une conscience tranquille, en paix avec lui-même, sans désarroi intérieur.

Dieu guérit souvent les gens. Soyez donc préparé à voir des grandes choses. Quand les gens voient la puissance de Dieu à l'œuvre, ils se tournent souvent vers Dieu. Dans une histoire biblique, un homme était malade au lit pendant huit jours. Dieu a agi à travers Pierre et le guérit. Par conséquent, tous les gens de cette ville se sont tournés vers Dieu (Actes 9.33-35). Dieu a encore utilisé Pierre pour ressusciter une femme morte. Quand les gens ont entendu que Dorcas était ressuscitée, beaucoup de gens ont cru au Seigneur.

Quand Dieu guérit quelqu'un miraculeusement, c'est toujours une bonne idée de travailler avec la famille, pour les aider à s'établir spirituellement. Parfois le malade fait la promesse à Dieu. Il dit : « Oh Dieu ! si tu me guéris je te suivrai pour toujours. » Il faut aider cette personne à réaliser la promesse qu'il a faite à Dieu.

PEUR DE LA SORCELLERIE

Dans une certaine partie du monde, la peur de la sorcellerie est très forte. Parfois le voisin dira à l'autre que quelqu'un l'a maudit ou sa maladie est causée par la magie. Le malade peut se sentir vaincu en écoutant cela. Il va peut-être se demander s'il mourra. La famille peut le pousser à consulter un sorcier pour l'aider.

Nous devons écouter attentivement pour savoir ce que ressent le malade. Est-il aussi effrayé qu'il a peur d'avouer? Le pasteur fait tomber la peur et construit la foi. Voici une suggestion quand vous avez une famille qui est effrayée : lisez Psaume 91 et priez que le Saint-Esprit affermisse sa foi dans la forte puissance protective de Dieu.

14

S'OCCUPER DES MORTS

La mort est certaine pour tout le monde. Quand elle visite une famille, ils cherchent le pasteur pour réconforter, fortifier et conseiller. Pour les chrétiens la mort n'est pas la fin. Nous attendons avec impatience la résurrection du dernier jour et le ciel. Le pasteur doit croire avec conviction sur le ciel. Écoutez ces mots du Nouveau Testament :

> *Nous sommes pleins de confiance, et nous aimons mieux quitter ce corps et demeurer auprès du Seigneur ... car il nous faut tous comparaitre devant le tribunal de Christ, afin que chacun reçoive selon le bien ou le mal qu'il aura fait, étant dans son corps.* (2 Corinthiens 5.8, 10)

> *Car Christ est ma vie, et la mort m'est un gain. ... J'ai le désir de m'en aller et d'être avec Christ, ce qui de beaucoup est le meilleur.* (Philippiens 1.21, 23)

Nous croyons que l'esprit quitte le corps humain au moment de la mort, et la personne retourne à Dieu. Dieu est le juste juge. L'esprit du défunt ne reste pas dans la maison ou dans le village. Cela ne hante pas la famille.

Les croyants n'ont pas peur de la mort, parce que, « Il y a donc maintenant aucune condamnation pour ceux qui sont en Jésus Christ » (Romains 8.1).

Aussi, «celui qui croit au Fils a la vie éternelle ; celui qui ne croit pas au Fils ne verra point la vie, mais la colère de Dieu demeure sur lui» (Jean 3.36). Cependant, ceux qui ont rejeté Jésus attendent le jugement dernier.

Les chrétiens croient en deux résurrections, et ceci nous donne un grand espoir. Nous croyons d'abord que Jésus est mort et que Dieu l'a ressuscité des morts. La résurrection de Jésus a vaincu la mort, et a rendu la vie éternelle possible. Deuxièmement nous croyons que tout le monde sera ressuscité. Cette résurrection aura lieu quand Jésus retournera sur terre. La Bible nous dit que les morts en Christ sont maintenant avec lui dans les cieux. Quand Jésus reviendra, ils viendront ensemble. «En effet, puisque nous croyons que Jésus est mort et ressuscité, nous croyons aussi que Dieu ramènera par Jésus et avec lui ceux qui sont morts» (1 Thessaloniciens 4.14, BDS).

Notre corps ressuscité sera supérieur au corps que nous avons maintenant. Ce corps vieillit, tombe malade, et se détériore. Nôtre corps ressuscité ne s'usera jamais, ne vieillira jamais, et ne tombera jamais malade. Nous ne mourons jamais.

Ceux qui ont rejeté Jésus durant leur vie seront aussi ressuscités. Ils se présenteront devant le tribunal de Christ. Toutefois ils n'auront pas une deuxième chance. Dieu leur aura déjà donné beaucoup d'opportunités pour se repentir et accepter l'évangile. Il est le juste juge, et il connait les pensées de chaque personne. Son jugement sera complètement juste et final.

C'est important que le pasteur comprenne clairement la signification de la victoire de Jésus sur la mort. Il sera capable d'offrir l'espoir, la consolation et l'encouragement à ceux qui pleurent.

QUAND QUELQU'UN EST PROCHE DE LA MORT

La famille sait parfois quand un proche veut mourir. Si cela arrive, c'est important que le pasteur soit présent pour aider la personne qui meure. Certaines personnes rejettent l'évangile durant leur vie, mais ils se retournent vers Jésus dans leurs derniers jours, même les dernières heures. Certaines personnes se refroidissent dans leur foi, et ils veulent arranger les choses avant de mourir. Souvent ils veulent rétablir leur relation avec Dieu, avec leur famille, ou avec leurs amis. Le pasteur peut les aider à le faire.

Si la personne qui meurt est un chrétien, nous dirions, «Comment est ta relation avec Jésus Christ ? Je veux prier pour toi, et ça va m'aider à savoir si tu as un besoin particulier.» Ceci vous aidera à prier et vous permettra aussi de donner, avant ou après, un bon conseil à la personne qui meurt. Parfois un chrétien qui meurt a la peur et les doutes, parce que Satan travaille continuellement pour détruire la foi en Dieu. Le pasteur peut l'aider à vaincre sa peur et doutes. Parfois celui qui meurt pensent à une relation brisée qu'il veut réparer, ou des excuses qu'il veut faire. Le pasteur peut l'aider.

Si la personne n'est pas chrétienne, le pasteur peut dire, «Tu n'as plus longtemps ici sur cette terre. Crois-tu que Jésus est mort sur la croix pour tes péchés, et veux-tu l'accepter comme ton sauveur?» Beaucoup de gens répondront positivement.

Les autres veulent se consoler et se rassurer, parce que la mort est un mystère. Dans ce cas les écritures nous aident. Beaucoup de gens se consolent en écoutant les paroles de Jean 14.1-3. Ces versets nous disent que Jésus nous a préparé une place où nous irons quand nous mourrons.

Un autre passage à lire c'est Psaume 23. Une personne qui meurt peut bien comprendre les paroles, «quand je marche dans la vallée de l'ombre de la mort, je ne crains aucun mal, car tu es avec moi : ta houlette et ton bâton me rassurent» (verset 4).

Les paroles de Jésus dans Apocalypse 1.17-18 sont une bénédiction pour beaucoup. «Ne crains point! Je suis le premier et le dernier, et le vivant. J'étais mort ; et voici, je suis vivant aux siècles des siècles. Je tiens les clefs de la mort et du séjour des morts.» Jésus a vaincu Satan et la mort. Donc quand un chrétien meurt, il ne va pas dans les ténèbres, dans un endroit inconnu. Le chrétien va plutôt dans la présence de Dieu qui dirige les morts et les vivants.

Deux autres passages sont bons d'utiliser en vue de consoler et rassurer la personne qui est mourante : 1 Corinthiens 15.42-44 et 1 Thessaloniciens 4.13-18. Ces versets peuvent aussi aider la famille.

Finalement, il est important de se rappeler que quand quelqu'un mourant, c'est possible qu'il ne puisse plus parler. Mais cela ne dit pas qu'il ne peut pas entendre. Donc même si les gens qui sont en train de mourir semblent non réceptifs, lisez pour eux les écritures et priez aussi pour eux. Parfois il vous faudra vous rapprocher et prier juste à côté de leur oreille. Vos paroles peuvent apporter la consolation et encouragement.

QUAND QUELQU'UN MEURT

Quand la mort vient dans la famille, les chrétiens doivent se préparer à montrer de l'amour et la compassion de Dieu. Jésus a passé du temps avec Marie et Marthe et les a écoutées quand leur frère était mort. Jésus a pleuré plus tard dans la tombe de Lazare, et les gens ont remarqué combien Jésus l'aimait (Jean 11.35-36). Nous nous souviendrions de ces paroles :

> *Réjouissez-vous avec ceux qui se réjouissent ; pleurez avec ceux qui pleurent.* (Romains 12.15)

> *Portez les fardeaux les uns des autres, et vous accomplirez ainsi la loi de Christ.* (Galates 6.2)

Ce serait un bon moment pour les fidèles de démontrer ce qui signifie d'être le corps de Christ. Nous sommes les mains et pieds de Jésus. Nous démontrons sa compassion et son amour. La pratique des funérailles varie d'un pays à l'autre, donc nous ne pouvons pas donner des instructions précises sur ce point-là. De toute façon quand l'église démontre l'amour, la prévenance, et la compassion, la famille du défunt l'apprécie.

RENCONTRE AVEC LA FAMILLE EN DEUIL

Dans certains cultures le corps du défunt est gardé dans la maison familiale jusqu'à l'enterrement. Dans d'autres, le corps est gardé ailleurs. Toutefois dans presque toutes les cultures, il y a un endroit pour la famille pour se réunir et pleurer. D'habitude il y a des heures où les amis viennent et visitent la famille. Le pasteur doit aller rencontrer la famille, lire les écritures et prier. Le pasteur doit être très sensible aux sentiments de la famille. Nous devons nous rendre disponibles et chercher des occasions d'aide pratique aussi bien que de consolation et conseils.

Dans certains pays on fait deux services, l'un pour la famille, et l'autre pour le public. Le pasteur est souvent invité à l'un ou l'autre service, ou bien tous les deux. Ce sont là des opportunités pour le pasteur de démontrer l'amour et la compassion de Christ. Plusieurs fois le pasteur aura l'occasion de parler aux membres de famille qu'il n'aurait jamais rencontrés avant cette circonstance. C'est une merveilleuse opportunité pour le pasteur de parler de la paix et de l'espoir que Jésus donne.

Parfois le pasteur n'est pas certain de ce qu'il dira pendant de tel moment. Quelle est la bonne façon de parler du défunt en public? En privé? Un jeune pasteur pourra demander conseil aux autres pasteurs des environs qui sont plus âgés que lui.

Dans ces moments, les membres de la famille parlent souvent de l'enfance, la vie, les bonnes qualités et les exploits du défunt. Écoute attentivement pour que tu puisses mieux le connaître. Si le défunt était un chrétien zélé, alors nous avons une merveilleuse opportunité de parler sur la joie et l'espoir que les chrétiens ont, même au milieu du chagrin et de la mort.

Si le défunt n'était pas chrétien, alors c'est beaucoup plus difficile de savoir ce qu'il faut dire. Nous ne devons pas donner un faux message qui dit que Dieu accepte tout le monde au ciel sans tenir compte de leur vie. D'autre part, nous ne devons pas être froids et abrupts. Ne dis pas à la famille que leur bien aimé est maintenant en enfer. Nous ne sommes pas juges. Dieu seul sait, et il est le juste juge. Confie l'esprit du défunt dans les tendres mains du Dieu tout puissant qui juge tout le monde avec justice et sagesse.

Si un enfant meurt, notre message doit être réconfortant. Rappelez à la famille quand Jésus a dit, « Laissez les petits enfants, et ne les empêchez pas de venir à moi ; car le royaume des cieux est pour ceux qui leur ressemblent » (Matthieu 19.14). Parlez de Dieu à la famille : il est tendre ; il est bon ; et il est compatissant. Les petits se reposent dans les mains de Jésus. Encouragez la famille à la détente et à la paix. Nous chrétiens aussi, avons de l'espoir que nous nous réunirons un jour avec nos proches qui sont morts en Christ, même les jeunes gens. Nous prions donc pour que Dieu bénisse la famille dans la consolation et la paix. Quand l'enfant de David était mort il dit, « J'irai vers lui, mais il ne reviendra pas vers moi » (2 Samuel 12.23).

LES SERVICES FUNÈBRES

La plupart des cultures ont une dernière réunion pour se rappeler du défunt. Elle est d'habitude ouverte à tout le monde. Dans d'autres coins du monde, les services funèbres peuvent se tenir aux églises ou dans les pompes funèbres. D'autres parts, les obsèques participent dans la communauté. Les coutumes des gens feront une grande différence à la façon de célébrer les obsèques.

Si le pasteur est en tête des services funèbres, il aura deux objectifs.

1) Remettre l'esprit de la personne qui est morte entre les mains de Dieu.

2) Utiliser la parole de Dieu pour apporter l'espoir et la consolation à la famille du défunt.

La musique est très importante, parce que c'est le langage du cœur. Un cantique ou une chanson religieuse peut apporter la consolation et la bénédiction à ceux qui sont en deuil. Les chansons qui parlent des cieux, la vie abondante, et la fidélité de Dieu et l'amour sont bonnes à chanter.

La prière est aussi importante. Nous remercions Dieu pour la vie de la personne qui est morte, et nous demandons la paix et la consolation de Dieu sur la famille en deuil. Nous recommandons la vie de la personne défunte entre les mains puissantes de Dieu. Rappelez-vous, nous ne demandons pas à Dieu de prendre la personne au ciel, cela est une décision de Dieu lui-même, le juste juge.

La lecture biblique est la source de notre autorité et espoir. Voici quelques versets à prendre en considération. Choisissez ceux que vous trouvez plus appropriés pour les obsèques.

- Jean 14.1-3
- Jean 11.25-26
- 1 Pierre 1.3-9
- Psaumes 23
- Psaumes 27.3-5, 11-14
- 2 Corinthiens 5.1-10

Présenter une brève homélie qui met l'accent sur l'espoir chrétien. Conclure le service avec la prière.

À la tombe, c'est bien de faire une prière courte et une lecture biblique pendant que la famille rend leurs derniers hommages à celui qu'ils aiment.

ÉTUDE DE CAS

Quand le mort ne part pas

«Pasteur, notre frère Tami, qui est mort deux semaines déjà, continue à réapparaitre, et à nous importuner. Que devrons-nous faire?»

Pasteur Joseph écoute attentivement les gens décrire comment ils entendent des bruits étranges au milieu de la nuit. Certains disent, «C'est comme si Tami nous appelait!» Les autres disent encore, «C'est comme si Tami pleurait!» Certaines personnes ont même dit qu'ils ont vu ce qu'ils ont pensé être l'esprit de Tami qui errait dans le village. Ils disent que quand cela arrive les chiens commencent à hurler.

La famille a vraiment peur. «Pasteur que devons-nous faire?» ils demandèrent.

Avez-vous déjà rencontré une telle situation?

Qu'est-ce qui s'est passé?

Cette nuit le pasteur est allé à la maison. Il raconta l'histoire de l'homme riche et de Lazare de Luc 16.19-31. Il a rappelé aux gens que les esprits des morts ne sont pas libres de trainer dans les rues et d'aller où ils veulent. Il a lu Romains 14.9 : «Car Christ est mort et il est vainqueur, afin de dominer sur les morts et les vivants.» Il a aussi lu les paroles de Jésus de l'Apocalypse 1.17-18 : «Ne crains point! Je suis le premier et le dernier, et le vivant. J'étais mort : et voici, je suis vivant aux siècles des siècles. Je tiens les clefs de la mort et du séjour des morts.»

Pasteur Joe a expliqué que Jésus est le souverain des vivants et des morts, et il tient les clés de la mort et du séjour des morts. Donc nous n'avons rien à craindre des esprits de morts. Jésus contrôle, et ils ne sont pas capables d'aller nulle part sans sa permission.

Le pasteur s'est renseigné sur le frère qui était mort. Ils lui dirent que Tami est mort brusquement, et c'était un choc pour la famille et la communauté. Le pasteur dit, «Peut-être que certains d'entre vous souhaitaient dire quelque chose à votre frère, mais comme il est mort brusquement, vous n'avez pas eu l'occasion de le faire. Certains d'entre vous voulaient dire une dernière fois que vous l'aimez. Les autres sentent le besoin de résoudre une incompréhension ou demander pardon pour quelque chose de mal que vous lui auriez fait.»

Les gens ont vu la sagesse du pasteur. Il dit, «nous ne parlons pas aux morts ni leur demander conseil, protection, ou n'importe quel type d'aide. Dieu est notre conseiller, protecteur et notre pourvoyeur. Jésus est le souverain des vivants ainsi que des morts. Il est avec nous ici même. Tous les morts, y compris votre frère Tami, sont sous son pouvoir. Ceci est donc une bonne occasion pour vous d'exprimer à Jésus vos sentiments et vos pensées. Dites-lui des choses que vous pouvez souhaiter dire à Tami. Quand tout le monde dira tout ce qu'il veut dire, nous dirons alors à Jésus de transmettre nos messages à Tami. »

Il y avait un silence pendant un moment, en pensant aux paroles du pasteur. Ensuite ils commencèrent à parler. Certaines personnes ont parlé de leur amour pour Tami et combien il leur manquait. Les autres ont dit qu'ils voulaient demander pardon pour une dispute ridicule qu'ils ont eu quelques semaines passées. Quand tout le monde eut fini de parler, le pasteur dit, « Jésus a entendu tout ce que nous avons dit, et nous allons laisser tous ces messages entre ses mains. Nous n'avons plus besoin de nous inquiéter et d'avoir peur. »

Le pasteur pria, « Seigneur Jésus tu es le souverain des vivants et des morts. Notre frère Tami est entre tes mains et nous vous en remercions pour cela. Ces messages sont des paroles que nous n'étions pas capables de donner directement à Tami pendant qu'il était vivant, mais nous te les donnons maintenant, parce que nous savons que Tami est avec toi. Bénis cette famille avec ta paix et console leurs cœurs qui sont remplis de chagrin. Seigneur Jésus si un esprit trompeur cause ces évènements, alors à ton nom puissant, nous l'ordonnons et tous les autres esprits trompeurs de quitter cette maison et cet endroit. Nous prions que toutes les attaques par des esprits trompeurs arrêtent. Nous prions que ta paix remplisse cette maison. Tu as vaincu le péché, la mort et Satan, et nous demandons tous cela en ton nom puissant, Jésus. Amen. »

15

LE PASTEUR ET L'ARGENT

La plupart de pasteurs n'ont pas l'argent. Dieu nous a appelés pour le suivre et le servir. Il a promis de pourvoir à nos besoins, mais Dieu n'a jamais promis de nous rendre riche et célèbre. Jésus a passé sa vie parmi les pauvres. La plupart de pasteurs aussi passent leur vie à aider les pauvres. Donc, c'est vraiment important que nous gérions notre argent très prudemment et le dépensions avec sagesse.

Quand un pasteur reçoit l'argent, la première chose à faire, est de donner le dix pourcent à l'œuvre du Seigneur. Ceci s'appelle la dîme, et c'est une très vieille pratique. Abraham et Jacob ont donné le dixième de leurs revenus à Dieu. D'une façon plus pratique, la dîme montre que Dieu est en première position dans notre vie. C'est aussi une façon de remercier Dieu pour toutes les bénédictions qu'il nous donne. La nourriture, l'eau, les amis, la famille, la santé, et la force sont des bénédictions que nous recevons de la part de Dieu. La dîme montre notre reconnaissance envers Dieu.

Si tu n'as pas suffisamment d'argent, Satan va te tenter en disant, «Tu n'as pas assez de donner une dîme. En plus tu vas t'occuper de ta famille. Tu dois arrêter avec la dîme pour que tu aies assez d'argent.» N'écoutez pas ces mensonges de Satan. La dîme prouve que tu crois aux promesses de Dieu et tu le mets en première position dans ta vie. Dieu est fidèle, et il pourvoira à tes besoins d'une façon extraordinaire.

S'occuper de notre argent est très important. Nous devons donc demander à Dieu la sagesse. «Si l'un de vous manque de sagesse, qu'il la demande à Dieu qui la lui donnera, car il donne à tous généreusement et sans faire de reproche» (Jacques 1.5, BDS).

Il est important qu'un couple marié se mette d'accord sur la façon de dépenser l'argent. Un mari ou une femme qui dépense l'argent pour rien, sans l'accord de l'autre, risque de provoquer une dispute amère. Un foyer avec un tel désaccord, ne plaît pas à Dieu. Cela donne accès à la colère et à la méfiance.

Un couple marié doit aussi faire des projets pour l'avenir. C'est important d'économiser de l'argent. Par exemple, au début de l'année scolaire, nous devons payer les frais. Une personne sage commencera déjà à économiser plusieurs mois à l'avance. Ensuite, quand le moment viendra de payer les frais, l'argent sera déjà disponible et la famille n'aura pas à emprunter. C'est utile de considérer cet argent comme déjà payé, pour que quand un besoin urgent se présentera parmi tes amis et famille, tu n'aies pas à prendre dans cette réserve importante.

La Bible est très claire que l'assemblée subvienne aux besoins du pasteur de l'église. De même aussi, «le Seigneur a ordonné à ceux qui annoncent l'Évangile de vivre de l'Évangile» (1 Corinthiens 9.14). Voici quelques versets à prendre en considération : Matthieu 10.10, 1 Corinthiens 9.11, Galates 6.6 et 1 Timothée 5.17.

Certaines églises n'avaient pas suffisamment d'argent pour payer le pasteur subvenir aux besoins de sa famille. Dans ce cas, l'église peut accepter que le pasteur commence une petite affaire pour les besoins de sa famille. Et l'apôtre Paul a fait cela (Actes 20.33-35). Il a fait des tentes et les a vendues pour avoir assez d'argent. Cependant, quand il reçut des dons d'argent, il arrêta de faire ces tentes et consacra tout son temps à enseigner et à prêcher.

Certains pasteurs ne s'en sortent pas parce qu'ils ont beaucoup de dettes. C'est dangereux pour un pasteur de devoir de l'argent aux fidèles dans l'assemblée, aux magasins, et aux commerçants. Le pasteur qui emprunte beaucoup d'argent donne une mauvaise réputation à l'église. Le pasteur ne doit jamais emprunter de l'argent de l'église. Les gens donnent l'argent à l'église comme un acte d'adoration à Dieu, donc nous devons le considérer comme l'argent de Dieu. Le pasteur ne doit jamais emprunter l'argent de l'église, parce que cela va créer beaucoup de problèmes qui vont détruire le ministère du pasteur.

Le pasteur doit prier régulièrement pour acquérir la sagesse, ainsi il saura comment gérer l'argent.

GÉRER L'ARGENT DE L'ÉGLISE

Soyons très prudents à la gestion de l'argent de l'Église. Les gens donnent cet argent comme une partie de leur adoration. C'est l'argent de Dieu. Nous devons le traiter et l'utiliser prudemment. Nous devons le dépenser avec sagesse pour que le ministère de l'église prospère.

Les membres du comité de l'église doivent se décider sur l'utilisation de cet argent. Toutefois ils ne doivent pas se considérer comme patrons de cet argent. Ils prennent des décisions au nom de l'église tout entière. L'assemblée leur fait confiance d'agir avec sagesse, et ils doivent être prudents pour ne pas abuser de la confiance. S'ils sont négligents avec l'argent ou l'utilisent mal, l'assemblée perdra confiance et les fidèles seront réticents pour donner encore de l'argent à l'église.

Le pasteur ne doit pas garder l'argent dans sa maison et le contrôler. Toutefois, c'est très important que le pasteur connaisse la finance de l'église, pour qu'elle paye ses factures comme il se doit.

Le comité de l'église doit engager deux ou plus de deux personnes pour compter les offrandes chaque semaine. Ces gens notent le montant d'offrandes dans un carnet et le signent. Quelqu'un d'autre peut, dès que possible, déposer l'argent sur le compte bancaire. Si l'église a un compte courant, deux ou plus de deux personnes doivent signer chaque cheque. Ceci est important pour s'assurer que personne ne peut voler l'argent ou en faire mauvais usage.

Si l'église est loin de la banque, on peut garder l'argent dans la tirelire avec une serrure. Une personne tient la clef et une autre tient la tirelire. De cette façon personne ne peut apporter des fausses accusations sur ceux qui gardent l'argent.

Le comité de l'église se rencontre au début de chaque mois. Le trésorier doit donner le rapport de chaque mois sur les finances de l'église. Ce n'est pas un secret, par ce que l'argent appartient à Dieu. Dans le rapport, le trésorier explique beaucoup de choses, y compris ces détails ;

- Combien d'argent était dans la banque au début du mois passé.
- Combien d'argent était entré à l'Église.
- Combien d'argent l'église a dépensé, avec détails sur des dépenses inhabituelles
- Combien d'argent est réservé pour des prochaines dépenses ou projets.
- Combien d'argent était dans la banque à la fin du mois.

Un rapport régulier du trésorier est important. Si le comité de l'église ne reçoit pas un rapport financier pendant plusieurs mois, il peut y avoir des problèmes sérieux. Le comité de l'église peut se rendre compte que l'argent manque ou l'argent a été dépensé sans autorisation officielle. Quand ceci arrive, il sera difficile de régler la situation. Quand l'assemblée perd la foi sur le pasteur et le comité de l'Église, il sera très difficile de reprendre confiance.

Si le comité de l'église et le trésorier sont prudents et honnêtes, alors tout le monde sait qu'ils vont dépenser l'argent de l'église avec sagesse. Si les offrandes ne sont pas suffisantes, le comité de l'église doit prendre la responsabilité de présenter ce problème à toute l'église.

L'exemple d'Esdras

La Bible nous donne un excellent exemple de l'intégrité financière dans le huitième chapitre du livre d'Esdras.

Les armées de Perse ont vaincu Judas en guerre, et elles ont pris beaucoup de captifs à Babylone le capitale. Beaucoup d'années ont passé et un nouveau roi des Perses permet aux Juifs de retourner à Jérusalem. Le roi choisit Esdras pour reconduire 50.000 personnes à Jérusalem pour la reconstruction du temple. Le roi donna une grande quantité d'or et d'argent pour aider à la reconstruction du temple.

Avant de quitter, Esdras rassembla les hommes. Il compta chaque pièce d'or et d'argent, et écrit le nombre. Il y avait 25 tonnes d'argent, et 3.750 kilo d'or. Il y avait aussi des milliers de plats d'or et d'argent et d'autres articles coûteux. La valeur des dons était incroyablement élevée, qui vaudrait peut être aujourd'hui, des millions ou des milliards de dollars. Chaque pièce était convenablement pesée et notée.

Esdras dit aux gens :

> *Vous êtes consacrés à l'Éternel, ces objets sont sacrés, cet argent et cet or sont des dons volontaires à l'Éternel, le Dieu de vos ancêtres. Veillez soigneusement sur ces trésors, ils sont sous votre garde jusqu'au jour où vous les pèserez devant les chefs des prêtres et les lévites, ainsi que devant les chefs des groupes familiaux d'Israël à Jérusalem, dans les locaux annexes du Temple de l'Éternel.* (Esdras 8.28-29, BDS)

Tout le monde jeûna et pria pour la protection de Dieu, parce qu'ils faisaient un long voyage de Babylone à Jérusalem. Ils n'avaient pas des soldats pour les protéger. Tout le groupe de 50.000 hommes, femmes, et enfants voyagèrent pendant quatre mois. Dieu les protégea des ennemis et des brigands tout le long du voyage. Quand ils arrivèrent à Jérusalem, ils se présentèrent au temple pour peser l'or et l'argent. Esdras nota, « Tout fut compté et pesé et le poids total fut consigné par écrit à ce moment-là » (Esdras 8.34, BDS).

Esdras était prudent avec les dons qui ont été donnés pour l'œuvre de Dieu. Ce trésor était considéré comme les biens de Dieu et il y avait une comptabilité exacte qui était refaite en présence de beaucoup de témoins. Rien n'avait disparu. Esdras était consciencieux et honnête. Ceci est un bon exemple d'une bonne gestion de l'argent pour un pasteur. En tant que conducteur de l'Église, il nous faut aussi être très prudent pour s'occuper de l'argent que le peuple de Dieu donne pour son œuvre.

LA PRÉDICATION SUR L'ARGENT

Malheureusement certains pasteurs imprudents, garde pour eux-mêmes l'argent que les fidèles donnent à l'église. Ces pasteurs souillent la réputation de nous tous. Certains pasteurs ont peur d'encourager les gens de donner l'argent pour l'œuvre de Dieu, par ce qu'ils ont peur de paraitre cupide. Toutefois, nous ne devons pas avoir peur de prêcher sur la liberté de donner à Dieu. En tant que pasteurs nous devons rappeler à l'assemblée que tout chrétien doit être un bon gérant. Tout notre temps, notre talent, et notre argent sont les dons que nous recevons de Dieu. Il s'attend à ce que nous les utilisions avec sagesse pour sa gloire. Ce que nous faisons de notre temps et argent reflète si Dieu est dans la première position dans notre vie ou non.

La Bible nous enseigne clairement que «Dieu aime celui qui donne avec joie» (2 Corinthiens 9.7).

Jésus lui-même a dit, «Donnez, et l'on vous donnera, on versera dans le pan de votre vêtement une bonne mesure bien tassée, secouée et débordante ; car on emploiera, à votre égard, la mesure dont vous vous serez servis pour mesurer.» (Luc 6.38, BDS). Si nous voulons que nos assemblées vivent les bénédictions de Dieu en abondance, il est important de les encourager à une bonne gestion et à donner le dixième de leurs revenus à Dieu.

Nous ne devons pas forcer les gens à donner. Il faut que nous enseignions aux gens que la dîme n'est pas comme une facture que nous payons. Nous ne payons pas Dieu pour ses services. Nous redonnons plutôt à Dieu une partie de ce qu'il nous avait donné. Nous devons montrer aux gens que, donner notre temps, nos talents et notre trésor à Dieu, montre qu'il est en première position dans notre vie. Quand nous faisons ceci nous recevons sa bénédiction en abondance.

Le pasteur doit être un bon exemple de celui qui donne avec joie. Les gens doivent voir le pasteur donner un dixième de son salaire à l'Église, et le pasteur prend l'initiative de donner de l'argent supplémentaire dans des offrandes spéciales. Si le pasteur ne donne pas la dîme, alors il ne sera pas un bon exemple. En fait, un tel pasteur montre qu'il ne croit pas vraiment en Dieu.

Donner aux efforts missionnaires et aux autres

L'église locale a beaucoup de besoins financiers. Elle doit payer un bon salaire au pasteur. Elle doit aussi payer à temps les factures de téléphone, d'électricité et de beaucoup d'autres choses. Elle doit acheter des matériels pour les classes des enfants, acheter les instruments musicaux, payer pour la réparation, ainsi de suite. Mais si l'église ne se concentre qu'à elle-même, elle aura des problèmes. L'église doit se soucier des gens qui sont en dehors de sa propre communauté.

Certaines églises engagent un groupe pour s'occuper des gens nécessiteux dans la communauté, les aider avec la nourriture et les habits. Certaines églises réservent un temps chaque année de collecter les fonds pour l'évangélisation mondiale et envoyer de l'argent pour soutenir les missionnaires dans d'autres pays. Beaucoup d'églises donnent l'argent pour soutenir des écoles bibliques qui préparent les étudiants au ministère pastoral.

Il y a des églises qui essayent de donner dix pourcent ou plus de leurs revenus pour aider les gens. Ils prennent ceci pour une dîme de revenus de l'assemblée pour aider les autres. Ces églises ont appris que Dieu aime celui qui donne avec joie.

16

LA FAMILLE DU PASTEUR

Une grande partie du travail de pasteur est de se soucier des besoins spirituels des autres. Le travail de pasteur est très important. Si le pasteur fait bien son travail, l'église va croitre. Les chrétiens deviendront plus forts dans leur marche avec Dieu, et des nouvelles personnes viendront croire en Jésus comme leur sauveur. Si un pasteur est fainéant et négligent, alors l'église ne va pas grandir. Les gens vont se décourager et peuvent abandonner, alors des nouvelles personnes ne viendront pas à Dieu.

Satan sait qu'un bon pasteur est indispensable à la vie d'une église locale, ainsi il fera tout ce qu'il peut pour détruire la vie et la foi du pasteur. Un moyen que Satan utilise pour essayer de détruire un bon pasteur, c'est d'attaquer sa famille. S'il peut détruire la foi du pasteur ou bouleverser sa vie familiale, Satan sait que beaucoup d'autres personnes auront mal. Donc un pasteur doit prendre soin de ses propres besoins, et des besoins spirituels de sa famille.

UNE VIE DISCIPLINÉE

L'Apôtre Paul était conscient qu'il avait besoin de se discipliner pour éviter ces problèmes «Je traite durement mon corps, je le maîtrise sévèrement, de peur qu'après avoir proclamé la Bonne Nouvelle aux autres, je ne me trouve moi-même disqualifié » (1 Corinthiens 9.27, BDS).

Nous devons être prudents pour ne pas permettre aux péchés d'entrer dans nos vies. C'est dommage qu'un pasteur qui a un bon et long ministère, se refroidisse spirituellement et récidive. Paul a écrit des paroles encourageantes au jeune pasteur Timothée, «Veille sur toi-même et sur ton enseignement. Sois persévérant en cela. En agissant ainsi, tu assureras ton salut et celui de tes auditeurs» (1 Timothée 4.16, BDS).

Les pasteurs doivent être très prudents pour qu'ils vivent ce qu'ils prêchent. Si nous voulons être une bénédiction spirituelle pour les autres, nous devons être en bon terme avec Dieu. Pour entretenir notre vie spirituelle, nous devons avoir des bonnes habitudes, telles que ;

- Lire la Bible comme notre propre nourriture spirituelle, pas seulement comme préparation d'enseigner ou pour prêcher aux autres.
- Prier régulièrement, en privé et en famille.
- Examiner constamment notre attitude autour des autres pour que nous ne devenions pas pessimistes et rancuniers.
- Démontrer les fruits de l'Esprit dans nos vies.
- Nous devons garder notre langue pour que nous ne disions pas des choses qui peuvent blesser les autres.

Malheureusement, il est possible pour un pasteur de réaliser toutes les bonnes actions mais d'avoir encore un cœur insensible et inanimé. Dieu a parlé à Ésaïe à propos de tels leaders quand il dit, «Ce peuple se tourne vers moi, mais ce n'est qu'en paroles, et il me rend hommage, mais c'est du bout des lèvres : car au fond de son cœur, il est bien loin de moi, et la vénération qu'il me témoigne n'est faite que de règles que des hommes lui ont enseignées» (Ésaïe 29.13, BDS). Nous devons être prudents pour garder le feu de Dieu allumé dans nos cœurs et ne pas refroidir notre amour et service pour Dieu.

L'ÉPOUX DU PASTEUR

Le travail du pasteur est différent des autres occupations. Les époux doivent travailler la main dans la main comme une équipe. Si un homme travaille dans une usine ou un bureau, les agissements de sa femme n'importent peu.

Si une femme travaille comme enseignante ou comme employée, d'habitude ce que son mari fait pour gagner sa vie ne dérange pas. Cependant, la famille du pasteur est différente. L'homme et la femme sont partenaires dans le ministère, même si l'un de deux seulement s'appelle pasteur.

Dans la plupart des églises le pasteur est un homme et la majorité des fidèles sont des femmes. Certaines femmes ne se sentent pas à l'aise de parler de leurs problèmes à un homme. Toutefois, elles se sentent souvent libres de parler à la femme du pasteur qui comprend facilement les choses en tant que femme. C'est un grand avantage si un pasteur a une femme qui peut l'aider dans son travail. D'autre part, une femme qui n'est pas intéressée ou qui a un mauvais comportement peut créer beaucoup de problèmes.

Le mari du pasteur aussi joue beaucoup le même rôle. Les pasteurs femmes ont souvent des difficultés d'être acceptées par les hommes dans l'assemblée. Un mari bien disposé à apporter son soutien, permettra à sa femme de devenir le meilleur pasteur.

Beaucoup de gens examinent le mariage du pasteur pour voir s'il est solide. C'est important que tous les époux aient un temps de lire la Bible et de prier ensemble. Ce dévouement privé est surtout important pour le couple pastoral.

Comme les époux sont partenaires dans le ministère, le pasteur doit se rappeler qu'il ou elle fait aussi partie de l'assemblée. Certains pasteurs sont très occupés à visiter tous les fidèles de l'église et d'assister dans plusieurs réunions pendant qu'ils ou elles passent peu de temps avec leurs familles. Ce n'est pas correct. Nous devons respecter l'ordre de priorité :

- Notre première priorité : Dieu
- Notre deuxième priorité : La famille
- Notre troisième priorité : Le travail et le ministère

Si nous mettons notre travail, même le travail de Dieu, avant nos familles, nous risquons alors de les négliger. Nous devons faire participer nos familles dans notre travail autant que possible pour qu'ils se sentent aimés et appréciés.

C'est dangereux pour un pasteur de passer beaucoup de temps en dehors de sa maison sans rien dire à son épouse. Parfois la femme du pasteur peut se demander, «où est mon mari, et qu'est-ce qu'il est en train de faire?»

C'est facile pour Satan de fournir des fausses réponses. Il peut chicoter, « votre mari n'est plus intéressé à vous. Il est parti causer avec des jeunes femmes. » Satan est un menteur, et il essayera toutes sortes des ruses pour créer des problèmes dans votre famille.

LES PASTEURS MARIÉS ET LEURS RELATIONS AVEC LE SEXE OPPOSÉ

Le pasteur homme doit garder une bonne et étroite relation avec sa femme. L'homme doit aussi être très prudent avec ses rapports avec d'autres femmes. Le pasteur femme doit aussi être prudent dans ses rapports avec les hommes. Satan sera content de diviser un bon mariage.

Il y a deux sortes des problèmes possibles qui résultent des conversations de pasteur avec les membres du sexe opposé :

Incompréhensions. Le pasteur s'inquiète pour les gens, pose des questions sur leurs problèmes, et se soucie vraiment de ce qui se passe en eux. Certaines personnes prennent le souci du pasteur comme intérêt personnel. Le pasteur homme doit être très prudent en parlant aux femmes, et surtout en les touchant. Un pasteur femme doit aussi s'inquiéter sur comment ses actes sont considérés par les hommes. Certaines personnes ont des mariages très malheureux, et ils peuvent se faire une mauvaise idée sur l'attention du pasteur. Pendant que le pasteur peut être innocent, il ou elle doit éviter ces situations.

Tentations. Malheureusement certains pasteurs abandonnent leurs familles pour une autre personne dans l'assemblée. Ceci n'est pas fréquent, mais quand cela arrive, tout le monde dans la communauté le connaitra. Cela va aussi nuire au travail de l'église. Ce genre de situation n'arrive pas rapidement. Plutôt le pasteur et l'autre personne tombent dans la tentation, et d'habitude une tentation sexuelle. Les pasteurs doivent être prudents pour éviter des situations dans laquelle ils seront tentés de la sorte.

Une dame a dit, « pasteur j'ai un problème, je dois vous parler.

— Il dit, je serai content de venir parler avec toi, j'amènerai ma femme.

— Elle répond, Oh, vous n'avez pas besoin d'emmener votre femme. Venez-vous même.

— Il s'est rendu compte du danger et dit, Désolé, je ne parle pas seul avec les femmes en privéé. Je suis toujours avec ma femme quand je parle avec les femmes. »

Voici un pasteur sage.

Paul a donné un bon conseil à Timothée, un jeune pasteur : « Traite … les femmes âgées comme des mères, les plus jeunes comme des sœurs, en toute pureté. » (1 Timothée 5.1-2, BDS).

LE PASTEUR CÉLIBATAIRE

Le travail de pasteur est très difficile. Si le pasteur a une femme qui le soutient, le travail devient un peu plus facile. Dans beaucoup de cas, bien que Dieu appelle une jeune personne avant d'être marié, si le jeune homme se rend compte que Dieu l'appelle au ministère, il doit se préparer à répondre à cet appel. Une façon de se préparer est de prier que Dieu le guide vers une jeune femme chrétienne qui se sent aussi appelée. De la même façon que la jeune femme doit prier pour un mari chrétien qui va la soutenir et l'assister dans le ministère. Si deux personnes partagent une même vision, et s'ils se sentent tous les deux appelés par Dieu, ils auront un ministère efficace. Mais si l'un des futurs époux est plus intéressé à l'argent, renommé, ou un style de vie embarrassant, alors il sera plutôt un obstacle plutôt qu'une aide dans le ministère.

Il arrive que quelqu'un termine ses études à un institut biblique et se marie ensuite. Si l'épouse n'a pas une bonne compréhension du ministère ceci peut causer beaucoup de problèmes. C'est une bonne idée pour une jeune femme de parler aux autres femmes qui sont au ministère depuis des années et d'apprendre d'elles. Les livres sur le travail de pasteur peuvent aussi être une bonne façon d'apprendre plus sur le ministère.

Dans certain cas, le pasteur d'une église est célibataire. C'est souvent un grand défi pour le pasteur et les fidèles. Toutefois un pasteur célibataire ne doit pas se marier juste pour satisfaire les membres de l'église. Il ou elle doit prier régulièrement pour être guidé et avoir la force de rester un pasteur efficace.

LES ENFANTS DE PASTEUR

Le pasteur et son épouse doivent enseigner et former leurs enfants. Paul décrit le leader idéal de l'église dans sa lettre à Timothée. Il inclut ces mots : «Il faut qu'il dirige bien sa propre maison, et qu'il tienne ses enfants dans la soumission et dans une parfaite honnêteté, car si quelqu'un ne sait pas diriger sa propre maison, comment prendra-t-il soin de l'Église de Dieu?» (1 Timothée 3.4-5).

Ce n'est pas facile de former nos enfants à se comporter convenablement. Cela requiert temps, patience, et cohérence. Nous devons commencer quand ils sont encore jeunes. C'est important qu'ils apprennent à obéir à leurs parents. Vous devez prier souvent et demander à Dieu de vous donner la patience et la sagesse de former vos enfants. Il y a de bons livres chrétiens qui sont écrits pour vous aider dans ce devoir important.

La maman et le papa doivent travailler ensemble comme équipe pour élever les enfants. Ils se soutiennent. Parfois la maman punit l'enfant, l'enfant pleure et court vers le papa. Que doit faire le papa? Si le papa engueule la maman et fait un câlin à l'enfant, alors la famille est divisée. Les papas doivent soutenir les mamans, et les mamans doivent soutenir les papas. S'ils ont des opinions différentes sur la discipline des enfants, alors les parents doivent avoir une discussion privée sur ce point.

Nous devons enseigner à nos enfants au sujet de Dieu. Même des très petits enfants peuvent apprendre à prier et à mémoriser des courts versets bibliques. Nous pouvons leur enseigner les histoires bibliques et à chanter des chansons chrétiennes. Les enfants doivent rester tranquilles et respectueusement dans le culte. Les parents ne doivent pas leur permettre de courir dans l'église ou déranger l'assemblée. Si les enfants du pasteur sont tapageurs et turbulents, alors les autres enfants vont aussi agir de la sorte. Si les enfants du pasteur montrent un bon exemple, ceci aidera les autres enfants.

LA RÉCOMPENSE DE PASTEUR

La plupart des pasteurs ne reçoivent pas un grand salaire et se battent souvent pour avoir assez d'argent pour les frais scolaires ou pour d'autres besoins. Parfois les gens dans l'assemblée se plaignent et râlent sur le pasteur. Parfois les gens commenceront à raconter les mensonges et des fausses rumeurs sur le pasteur. Quand ce genre de problèmes arrive, il faut nous rappeler de la parole de Jésus, «Heureux serez-vous, lorsqu'on vous outragera, qu'on vous persécutera, et qu'on dira faussement de vous toute sorte de mal, à cause de moi. Réjouissez-vous et soyez dans l'allégresse, par ce que votre récompense sera grande dans les cieux» (Matthieu 5.11-12).

Pierre nous a donné des bons conseils sur le travail du pasteur : «Alors, quand le Chef des bergers paraitra, vous recevrez la couronne de gloire qui ne perdra jamais sa beauté» (1 Pierre 5.4, BDS).

Paul nous rappelle :

> *Voilà pourquoi nous ne perdons pas courage. Et même si notre être extérieur se détériore peu à peu, intérieurement, nous sommes renouvelés de jour en jour. En effet, nos détresses présentes sont passagères et légères par rapport au poids insurpassable de gloire éternelle qu'elles nous préparent. Et nous ne portons pas notre attention sur les choses visibles, mais sur les réalités encore invisibles. Car les réalités visibles ne durent qu'un temps, mais les invisibles demeureront éternellement.* (2 Corinthiens 4.16-18, BDS)

Paul a raison. Si nous nous permettons de nous concentrer sur ce que d'autres gens possèdent, ou comment ils vivent, nous pouvons nous décourager et devenir envieux. Mais quand nous concentrons nos pensées sur Christ et sur tout ce qu'il nous prépare, cela nous encourage alors.

Quand Paul est arrivé à la fin de sa vie, il a pensé à son parcours en tant que serviteur de Dieu. Il a dit,

> *J'ai combattu le combat. J'ai achevé la course. J'ai gardé la foi. Le prix de la victoire, c'est-à-dire une justice éternelle, est déjà préparé pour moi. Le Seigneur, le juste Juge, me le remettra au jour du jugement, et pas seulement à moi, mais à tous ceux qui, avec amour, attendent sa venue.* (2 Timothée 4.7-8, BDS)

Pasteur, il y a un prix, couronne et récompense qui vous attend dans les cieux. Ne vous fatiguez pas et ne vous découragez pas. N'abandonnez pas. Dieu vous a appelé dans ce travail. Il vous fortifiera, il marchera avec vous, et vous aidera à achever votre parcours de la vie. Un jour, nous nous tiendrons devant Jésus. Il nous a dit les mots qu'il dira ce jour-là, «C'est bien, bon et fidèle serviteur ; tu as été fidèle en peu de chose, je te confierai beaucoup ; entre dans la joie de ton Maître » (Matthieu 25.21).

TABLE DES MATIÈRES

www.ingramcontent.com/pod-product-compliance
Lightning Source LLC
Chambersburg PA
CBHW031534040426

42445CB00010B/532